図2

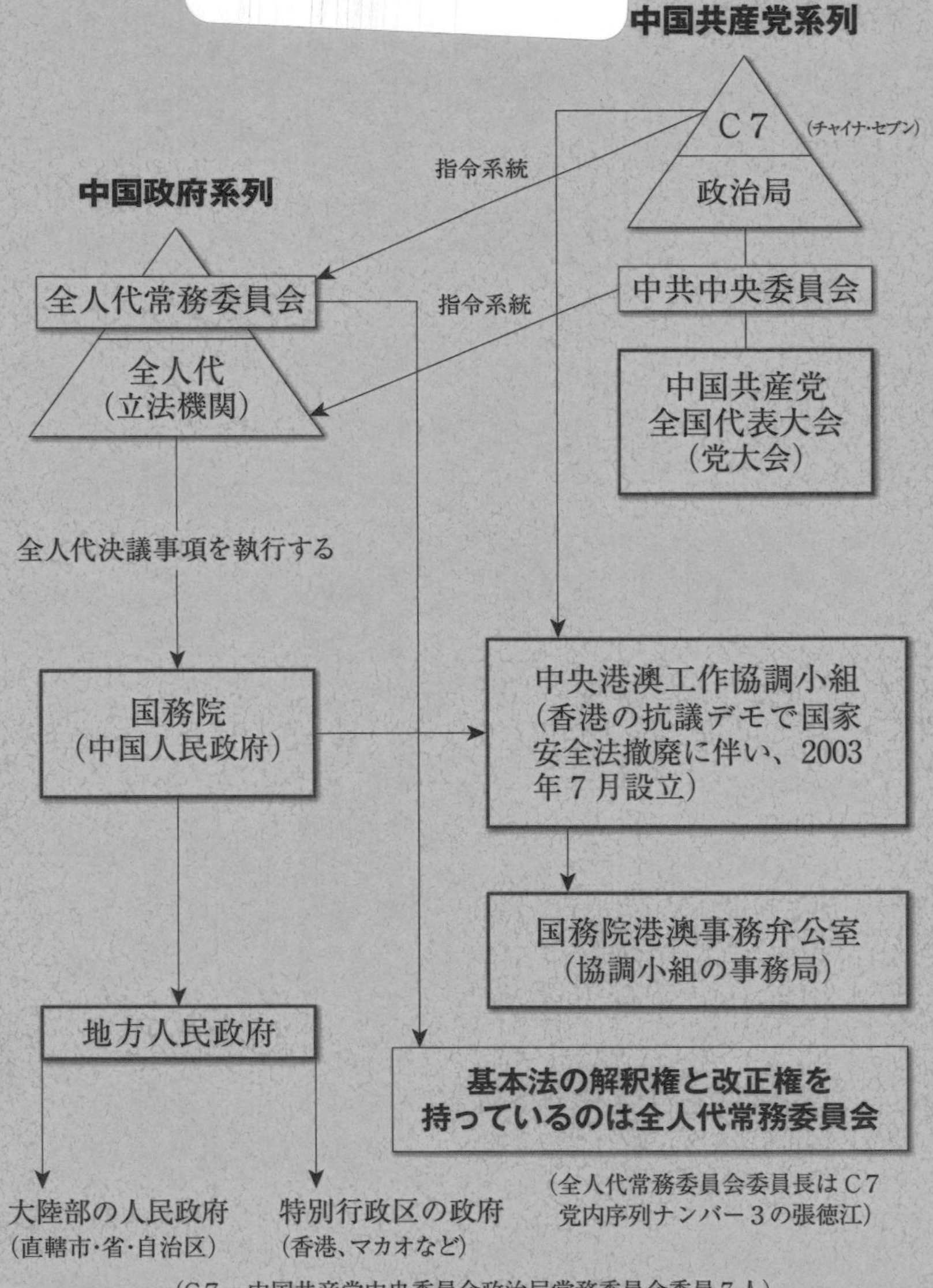

(C7＝中国共産党中央委員会政治局常務委員会委員7人)

香港バリケード

Hong Kong Barricade

若者はなぜ立ち上がったのか

遠藤誉 著
共著 深尾葉子／安冨歩

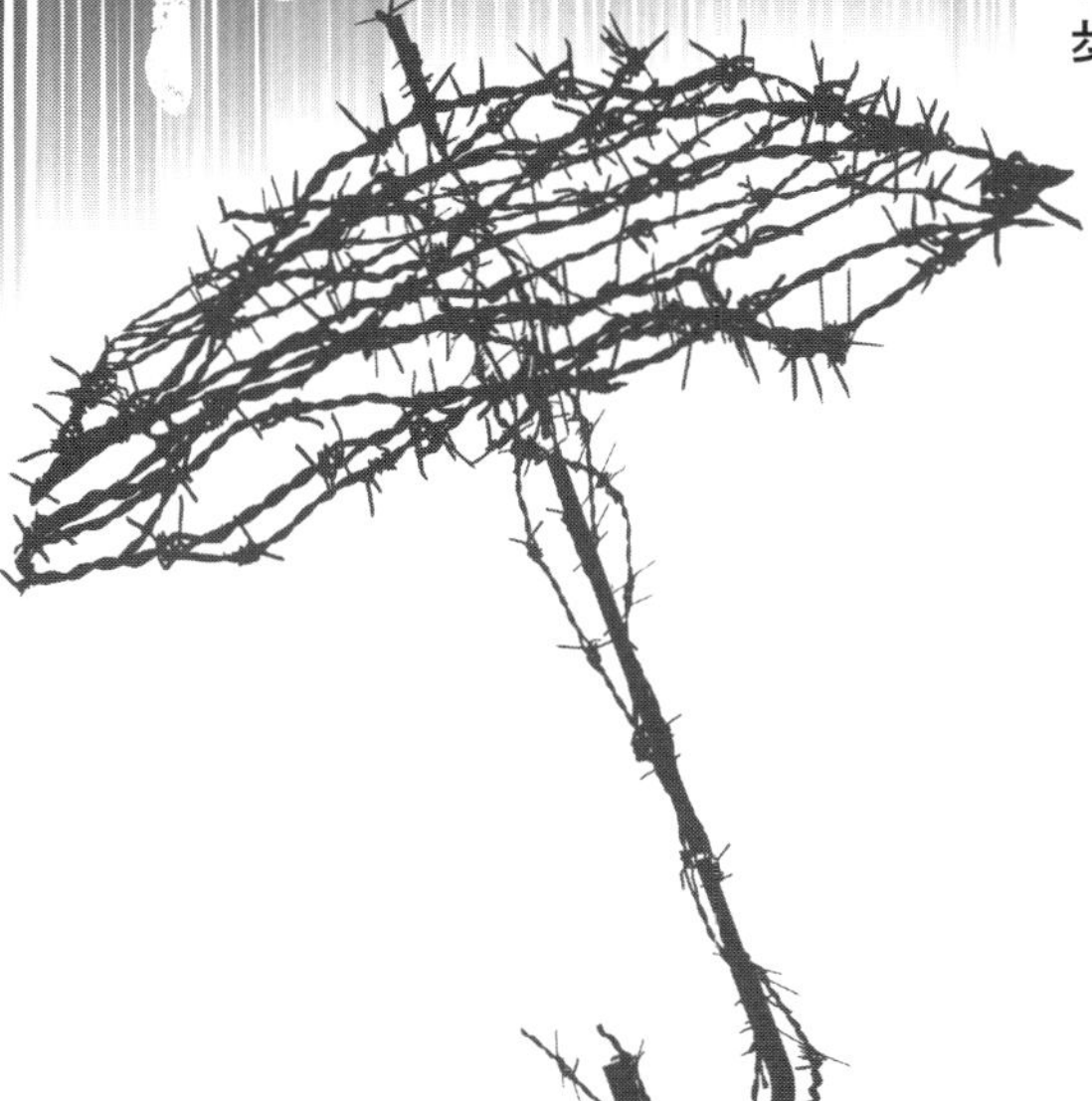

明石書店

序　章

雨傘革命を解剖する――香港新世代のメンタリティ

遠藤　誉

「僕はこの香港を変える。この運動が20年後の香港になる。僕たちは逃げない。ここに踏み止まって、香港人として生きる！」

２０１４年９月、香港の若者たちは立ち上がった。

「中国は50年間、香港に高度の自治を与えると言ったはずだ！　それなのに、どんどん香港に侵食してきているではないか！」

「僕たちが要求しているのは、ふつうのことだ。どこにでもある、民主的な普通選挙を求めているだけだ。それもかなえられないのか？」

非暴力を表すため両手を挙げる若者たちに、警察当局は胡椒スプレーや催涙弾を投げつけるという激しい鎮圧行動に出た。背中を向けて逃げ惑う者がいると、「ちょっと待て！」と振り向かせ、警官たちを見た若者の目をめがけて強烈な勢いの高圧胡椒スプレーを浴びせる。なかには心臓発作を起こす者もいた。胡椒を浴びすぎて痙攣《けいれん》し、地面に倒れる者が出ても、警察は容赦ない攻撃をやめない。

そのあまりの残虐さに、そっぽを向いていた市民も黙っていることができず、われもわれもと街に繰り出して道路を埋め尽くし、歩道橋の上まで人が溢れた。

「あなたも香港人でしょ！　なぜ香港人が香港人をやっつけるの！　良心を呼び起こしなさい！」と警察に迫る市民もいた。

若者たちは胡椒スプレーや催涙スプレーをよけるために雨傘をさすようになる。ゴーグルやマスクをつけ、レインコートを着て身を守る若者たちの姿は世界中に届き、やがてメディアはこれを「雨傘革命」とか「雨傘運動」と呼ぶようになったのである。

香港は清王朝時代、アヘン戦争の惨敗により、１８４２年からイギリスの植民地となったが、１９９７年に中国に返還された（１９４９年に中国共産党が統治する中華人民共和国が誕生して、現在の中国に至っている）。

中国に返還される際に香港は、中国の一地方政府ではあるものの「特別行政区」として位置づけられ、50年間は「一国二制度」を適用することが約束された。つまり香港は、「中国」という国家の枠組みの中に組み込まれるが、「中国大陸部は社会主義制度」を、「香港は（イギリス占領時代のままの）資本主義制度」を遂行するということになる（カバー見返しにある図1参照）。

一国二制度を実施するに当たり制定された「香港特別行政区基本法」（以下、基本法）には、香港は「外交や防衛（軍隊）以外は、高度の自治を保有する」と書かれている。

さらに基本法の附則文書には、中国返還から10年後となる2007年には、香港のトップである行政長官の選挙に関して「普通選挙」を実施する可能性があるとさえ書いてある。行政長官というのは、日本の地方政府の首長にやや類似している。

基本法にある「普通選挙」という文字を、香港市民は西側諸国の価値観からイメージされる「真の民主主義的な普通選挙」と解釈した。イギリス統治時代はイギリス本国が一方的に任命した香港総督が派遣されていたのであって、民主的選挙が実施されていたわけではないが、しかし西側諸国の普遍的価値観は香港市民の精神に植え付けられていた。

香港市民の大半は、戦乱や中国共産党の圧政から逃れてきた漢民族によって占められている。だからなおさら西側の価値観に共鳴するメンタリティが香港にはある。

2004年4月、中国中央政府は「普通選挙は2007年から始めるのではなく、さらに10年後の2017年から、投票資格を持つすべての香港市民が『一人一票』の投票をする普通選挙を実行する」と宣言した。

この「普通選挙」という言葉の意味の違いが、まさに「二制度」の決定的な違いであり、まさか頭に付いている「一国」で制限されるとは、香港市民は思っていなかったにちがいない。

ところが、2014年8月31日、全国人民代表大会（全人代）常務委員会（カバー見返しにある図2参照）は行政長官選挙に関して以下のような決定を宣言した。すなわち、

・2017年から選挙資格を持つすべての香港市民に「一人一票」の投票権を与える普通選挙を行うが、ただし立候補者は中国を愛する者でなければならない。
・立候補者は指名委員会（＝選挙委員会）によって2、3名に絞られる。

というのだ。これを便宜上「8・31宣言」と名付けることとする。これはまさに大陸型の「普通選挙」になったということなのである。

大陸ではこの方法によって、すべての選挙権を持つ人民に「一人一票」の投票を行わせている。そしてこの方法を大陸では「民主的な普通選挙」と呼んでいるのである。

香港が中国に返還されたあと、香港では選挙委員会が行政長官を選挙するという形を取っており、立候補者に対して強い制限を設けていなかった。選挙委員会の委員数は、返還当初は800人だったが、その後1200人に増員。ただしその内の1000人が今では親中派であるという、すさまじい偏りを見せている。

その原因は2003年から始まった中国中央政府の香港に対する経済支援策や観光などに対する緩和策によるところが大きい。潤沢なチャイナ・マネーが香港に注がれるようになり、香港経済は大陸から来る膨大な数の観光客で潤い、香港企業は中国大陸に深く食い込むことによって成長し、中国に頼らざるを得なくなっていた。

この状態を作っておいてから、大陸型選挙の導入を宣言したのである。

中国中央政府は、「二制度」の前に「一国」があり、この「一つの国の枠内における二制度である」ことを強調し始め、中華人民共和国憲法の基本精神が「一国」の中にあるということを強く押し出し始めた。

実はそれが可能になるように、香港基本法にはあらかじめ「基本法の解釈権と改正権は全人代常務委員会にある」という文言が明記してある。

だからこの解釈権を行使して、「一国」の根幹をなす中華人民共和国の憲法の解釈を持ち出してきたのである。それが2014年6月10日に発布された香港特別行政区に関する白書だ。

憲法に基づけば、「国家を愛すること」は、結果的に「中国共産党を愛すること」と同等になる。したがって8・31宣言にある「中国を愛する者」とは、すなわち「中国共産党を愛する者」ということになる。白書の発布と8・31宣言は、香港市民、特に若者たちに激しい失望と怒りを与えた。誰もが「騙された！」という気持を抱いた。

こうして、雨傘革命が勃発したのである。


抗議デモは9月22日、主として大学生によって構成される学生組織である「学聯《がくれん》」や、中高生を中心とした学生運動組織「学民思潮《がくみんしちょう》」による授業ボイコットという形で幕開けした。

9月28日からは別の抗議運動の流れであるオキュパイ・セントラル（Occupy Central）論の発起人たちがオキュパイ運動開始を宣言して、学生たちの授業ボイコット運動に合流している（Occupy＝占拠する）。

オキュパイ・セントラルとは「中環を占拠せよ」という意味だ。「中環」（セントラル）とは香港の金融業が集まる道路の名前で、ここを金融街と称する。したがってこれは「金融街を占拠せよ」という意味となる。

遠藤は当初から、この「合流」に疑問を抱き、学生たちとオキュパイ派という二つの流れに温度差を感じていた。

２０１１年9月17日、アメリカ、ニューヨーク市マンハッタン区にある金融街ウォールストリートで「オキュパイ・ウォールストリート（Occupy Wall Street）」（金融街を占拠せよ）という抗議運動が起きたことがある。２００８年9月にアメリカで起きたリーマン・ショックを受けた運動だったが、香港のオキュパイ運動もその流れを引いたものだ。

オキュパイ派が合流したのは、一見、学生たちが大きな力を得たように見えるかもしれないが、アメリカで発生したオキュパイ論を香港に持ってくるのはいかがなものか。そこになんとも言えぬ違和感を覚えていたのである。

学生たちだけが自然発生的に起こしたそれまでの抗議運動は、広範な市民の声援を受けて、みな成功している。たとえば、２０１１年に中国が大陸型愛国教育を香港に導入しようとしたときには、中高生たちが「中国共産党の思想に洗脳されるのはごめんだ！」と叫んで立ち上がり、激しい抗議運動を展開し、ついに撤廃まで持ち込んだ。このときリーダー的役割を果たしたのは、黄之鋒《こうしほう》（ジョシュア・ウォン）という、わずか15歳の少年だった。前述した学民思潮は、彼が愛国教育に抗議するためにつくった組織で中高生だけでなく、その父母までをも動かし、市民を巻き込んで、巨大な抗議運動の波を起こした。

だが、金融街を占拠してしまったら市民はどう感じるだろう。ウォールストリートはアメリカの「一つの都市」の金融街にすぎないが、香港は都市全体が国際金融センターの役割を果たしている。その金融街を占拠してしまったら、香港市民全体の経済生活を潰してしまう危険性があり、市民がついていかないのではないかと思ったのである。

また、運動にいくつものベクトルが混濁すると、誰が運動のリーダーかがわからなくなり、運動はやがて求心力を失い、失速するのではないかという懸念もあった。

案の定、運動が長引くにつれて市民の心は離れていき、3カ月にわたって広場や幹線道路などを占拠した雨傘革命は、12月15日に幕を閉じた。

雨傘革命考察の過程で、遠藤には頭から離れないもう一つの疑問がつきまとっていた。

それは中国中央が「オキュパイ・セントラル運動の背後にはアメリカの全米民主主義基金と台湾独立派の操作がある」と連日報道していたことだ。全米民主主義基金とは、レーガン政権時代（1981年〜89年）の1983年に他国の民主化を支援するために設立されたもので、英語ではNational Endowment for Democracy（NED）と称する（以後、NEDと略称）。NEDの資金源は主としてアメリカの国家予算、特に国務省のアメリカ国際開発局から受けている。もともと対外諜報活動を行うCIA（Central Intelligence Agency、中央情報局）が秘密裏に行ってきた業務の一部を公然と行うために設立されたものだ。「思想と価値観」を「輸出」するため、同時に資金援助をしてきた。

中国政府はさらに台湾独立派の人物として、『蘋果日報（アップル・デイリー）』の元会長、ジミー・

ライ（梁智英《りょうちえい》）を名指しで非難していた。

中国中央側報道の真偽のほどを確認するために、まずは香港のオキュパイ運動とＮＥＤとの関係を追跡しなければならない。年末年始を挟んだ執筆と事実追跡の間に、なんと、決定的な動画を見つけてしまったのである。

それはランド・デストロイヤー（Land Destroyer）というウェブサイトがスクープした李柱銘《りちゅうめい》（香港の民主党創設者）とＮＥＤ地域理事との間で開かれたトーク・ショーだ。

オキュパイ・セントラル発起人の中心的人物である戴耀廷《たいようてい》（香港大学准教授）は、李柱銘がかつて民主党主席であった時代の秘書を務めていた。その李柱銘はＮＥＤとのトーク・ショーで、香港のオキュパイ・セントラルに関する理論を堂々と公開で討論しているではないか。

まぎれもない李柱銘の顔と肉声――。

これほど大きな衝撃はない。まさに動かぬ証拠だった。

この現実をどう受け止め、論理を立て直していけばいいのか――。

本書では、「香港の若者はなぜ立ち上がったのか」というテーマとともに、学生たちとオキュパイ派の間に垣間見えてくる運動のベクトルの違いを考察しながら、それでもなお雨傘革命が東アジア情勢に与える決定的な影響に関して分析する。

香港の中国返還後に生まれたか、あるいはその頃に物心ついた香港新世代たちと、かつて中国共産党の圧政から逃れて香港に渡り、その後の中国返還に伴ってカナダやオーストラリアなどに移民していった人たちと同世代で香港に残留するしかなかった市民たちとの間には、明らかな世代間ギャップがある。メンタリティが違うのである。

香港新世代が持つ価値観が起こしてきた数々の抵抗運動は、台湾の若者にも強い影響を与え、2014年3月に「ひまわり運動」の誘因となった。台湾の若者たちもまた、かつて国民党と共産党の間で戦われた国共内戦（1946年〜1949年）に敗北して台湾に逃れてきた世代との間に、明確な世代間ギャップを生んでいる。

こういった新世代のエネルギーとパワーは、中国共産党が一党支配している中国中央政府にとっては、脅威だ。

しかし、そのパワーが消えるとは思えない。

なぜなら、道路に張られたバリケードは撤去されたけれど、若者の心に刻印されているバリケードを撤去することはできないからだ。バリケードの中で叫ばれたスローガンに「抗命《こうめい》」というのがある。本来は「命令に従わない」という意味だが、それは「運命に抗《あらが》う」と解釈することもできる。抜け出せない香港の運命と闘う新世代たちの叫びは、やがてアジア情勢を変えていくだろう。

チャイナ・マネーが「強権と言論弾圧」を伴っている限り、中国共産党による一党支配体制は、必ずどこかで限界が来る。そのメッセージを、今般の雨傘革命における香港新世代は世界に届けたのではないだろうか。

それを検証し、歴史軸と地域軸の中で、雨傘革命をきちんと位置付けていくことが、いま強く求められている。本書の目的は、この喫緊の課題に対して解答を模索することにある。この解答が見えれば、冒頭に書いた若者たちの声の重みも、きっと伝わってくるにちがいないと期待している。

第Ⅰ部の「バリケードはなぜ出現したのか」では、中国中央と香港の間における関係を、政治的あるいは社会的側面から考察し、雨傘革命を解剖する。

第Ⅱ部の「バリケードの中で人々は何を考えたのか」では深尾・安冨チームによる香港現地取材を通して拾ったナマの声をご紹介する。ただし単なる取材リポートではなく、各自が高い知見と洞察により執筆している。

各執筆者は形の上では独立しているが、執筆過程では互いに助け合い補い合い、事実確認をする濃密な共同作業の結果、生まれたのが本書である。

安冨歩（東京大学教授）は科研（日本学術振興会の科学研究費助成事業）の研究代表で、深尾葉子（大阪大学准教授）は科研の一員である。深尾はその研究から派生したテーマの一つとして香港取材に焦点を当てていた。深尾・安冨チームにおいてはもともと、フリージャーナリストでエディターの刈部謙一がコーディネーター役を、伯川星矢は通訳役を果たしていた。その後、深尾・安冨チームと遠藤が協力しあって本書を完成させることになり、刈部、伯川両氏も執筆することとなった。

ただし、濃密な情報のやり取りと意見交換の中でも、視点の一致が見られない個所も中にはある。たとえば香港の立法会議員である長毛に関する見解など、各自の人間性から生まれた温かな関係と、長毛の政治的行動との間には乖離があり、遠藤自身はあくまでも政治的あるいは社会的視点から分析している。各自、独自の視点に関しては、互いに侵害することなく尊重していることを、あらかじめ申し添えておきたい。

なお安富と遠藤との縁は、1冊の本『卡子（チャーズ）』であった。卡子とは国共内戦において、長春が共産党軍によって食糧封鎖されたときの包囲網を指す。遠藤はその包囲網の中で家族を餓死で失い、共産党軍の流れ弾で身障者になり、長春を脱出しようとしたとき、二重になっていた包囲網の中に閉じ込められ、餓死体の上で野宿した。あまりの恐怖から記憶喪失になったこともある。

この国共内戦に敗北した国民党軍は台湾に逃げたが、香港を含め、「引き裂かれた中華民族」の運命は、遠藤にとって他人事《ひとごと》ではない。

特に遠藤の父はアヘン患者を治療するために、アヘン中毒者が多い中国に渡った。そのため遠藤は中国で生を受け、国共内戦を体験したのである。それゆえ、アヘン戦争によりイギリス領となった香港は、遠藤にとってはさまざまな意味で、雨傘革命のスローガン「抗命」と重なる存在だ。

『卡子』の中国語版を中国大陸で出版しようと30年間ほど頑張ってきたが許可が下りず、やむなく2014年に台湾で出版した。香港新世代も台湾新世代も、闘っている相手は遠藤と同じく、この「自由と民主」を阻むイデオロギーである。

その香港を描く作業に、深尾・安富チームとコラボできたのは、何にもまして得がたい経験であった。読者の方々とともに、香港デモ雨傘革命で若者がなぜ立ち上がったのかを解明し、アジア情勢を追いかけていきたい。本書がその一助になれば、これに勝るよろこびはない。

＊なお２０１４年9月から12月まで展開された香港における抗議運動に関して、「香港反政府デモ」「香港民主化デモ」「雨傘デモ」あるいは「雨傘運動」「雨傘革命」などさまざまな呼称があるが、本書では日本人に最もなじみがある「雨傘革命」で統一することにした。「革命」は正確には政府転覆の要素を持つが、ここでは「大きな出来事」という意味で使い、「香港デモ『雨傘革命』」の省略形として「雨傘革命」にしていると、ご理解いただきたい。

香港バリケード——若者はなぜ立ち上がったのか◎目次

本書に登場する、香港デモ「雨傘革命」の主な場所

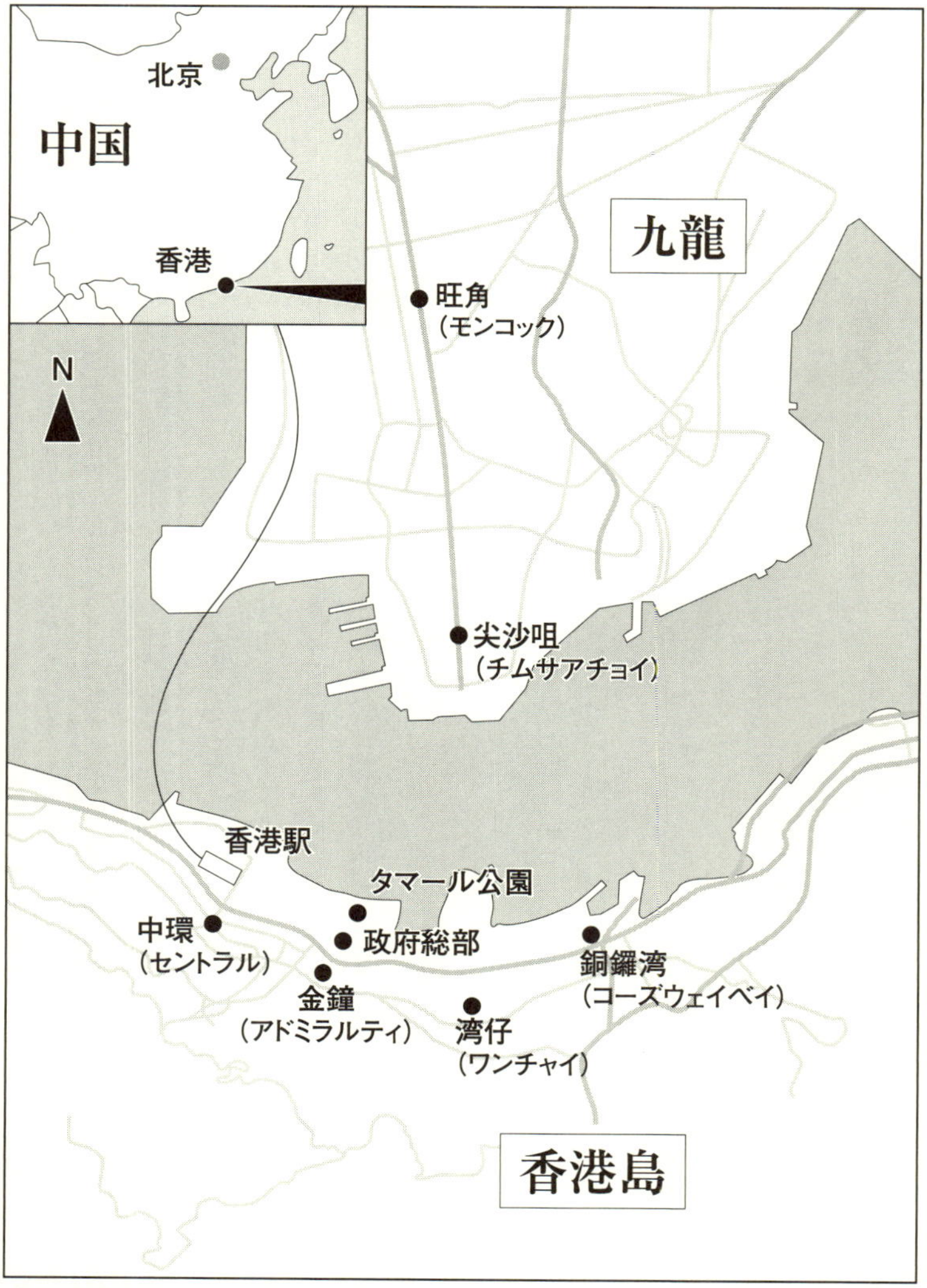

中環：超高層ビルが林立する金融と商業の町。金鐘：香港公園を背にしたオフィス街で、香港政府の本部や英国など各国領事館もある。湾仔：湾岸に近代的なビルが立ち並ぶ一方、裏の路地に入ると商店街が広がる。銅鑼湾：ショッピングビルや飲食店が連なる繁華街。尖沙咀：レストラン、ショッピング、ホテルをはじめ九龍の観光スポットが集まる繁華街。旺角：下町風情を残す繁華街。若者文化の発信地としても有名。

第Ⅰ部　バリケードはなぜ出現したのか

遠藤 誉

第1章

「鉄の女」サッチャーと「鋼《はがね》の男」鄧小平の一騎打ち

――イギリス植民地から中国返還へ

1　アヘンを使って香港を奪ったイギリス

香港という言葉は、かつてそこが「香木を運ぶ港」であったことから来ている。香港は、香港島と九龍《クーロン》半島および新界などを主体として、それ以外に多くの小島を含む。

香港を最初に制圧したのは中国の秦《しん》王朝で、紀元前214年に香港は中原《ちゅうげん》王朝の支配を受けるようになり、紀元757年から1572年までは現在の広東省東莞県の管轄下に置かれた。その意味で、ここはまちがいなく「中国」の領土であったと言っていいだろう。

1517年には、当時権勢を誇っていたポルトガル人が来航したが、香港地区に水軍（河川を制覇する水上兵力）を設置していた明王朝は、ポルトガル人を駆逐したため、ポルトガル人はマカオに移転し、マカオを拠点とするようになった。

清王朝の時代になると広州を開港したのだが、康熙帝《こうきてい》のときにイギリスの東インド会社が来航するようになり、1711年には広州にイギリス商館が開設された。

イギリスはインドから香辛料などを輸入する一方、中国（清王朝）からは中国茶や陶磁器（china）、絹織物などを輸入してヨーロッパで販売し利益を得ていたが、輸出できる物は一部の富裕層しか使わない時計や望遠鏡くらいのものだった。片貿易が続き、厳しい貿易赤字を抱えるようになる。

そこでイギリスがすでに植民地としていたインドで栽培したアヘンを中国に輸出し始めた。

中国の喫煙習慣にはすさまじいものがある。

習近平国家主席も若いころ延安に下放されていたが、彼は延安で喫煙の習慣を身につけ、ヘビースモーカーになってしまった。下放というのは文化大革命時代（1966年～76年）、知識青年を辺境の地に追いやって肉体労働を通して革命精神を学ばせることを指す。

タバコは17世紀初頭に中国に入ってきたが、最初は「薬効があり、リラックス効果がある」と信じられていた。漢方薬を常用する中国人にとって、タバコは薬草に等しく、すぐに広まっていったのである。ニコチン中毒という弱い中毒性を持っているので、禁煙はなかなかにむずかしい。

その流れの中で、さらなる快楽へと誘《いざな》うアヘン吸引の習慣は明王朝の末期から始まり、アヘン密輸入が絶えなかった。清王朝に入るとアヘン輸入禁止令が出ていたが（1796年）、ひとたびアヘンの魅力を知った中国人たちはアヘン吸引を止めなかった。

すでにそういった土壌があったので、イギリスのアヘン政策はたちまち功を奏し、一瞬にして全中国を席巻するに至る。

しかしこのままでは清国が滅びる。

そこで道光帝《どうこうてい》は1838年に林則徐《りんそくじょ》を広東《かんとん》に派遣し、アヘン輸入の取り締まりに当たらせた。18

39年には「アヘンを持ちこんだら死刑に処す」という戒厳令まで発布している。

こうしてイギリスと「アヘン戦争」を戦うことになり、1842年に清王朝は惨敗して、「南京条約」により香港島はイギリスに永久割譲されたのである。

1856年に起きたアロー戦争に敗北した清王朝は「天津条約」（1858年）、「北京条約」（1859年）などにより九龍半島もイギリス領として奪われる。

一人勝ちのイギリスの植民地政策が進む中、他の欧米列強も競って中国を植民地化していくようになる。イギリスはそれを見てさらに強気に出て、1898年7月1日に、「展拓香港界址専条《てんたくほんこんかいしせんじょう》」という条約を締結し、九龍以北で深圳《しんせん》河以南の新界地区をも租借し、租借期限を99年間とした。

永久割譲でなく租借としたのは、このときすでに列強諸国の中国植民地化が進み、そのバランス上の配慮からである。「お前、取り過ぎだろう」と批判されないための措置だ。1912年に清王朝が崩壊して「中華民国」が誕生しても、この租借権は引き継がれた。

2　新中国の誕生とイギリスの対中政策

1946年から国民党軍と共産党軍の間で戦われた国共内戦が再燃し、共産党軍が勝って1949年10月1日に中華人民共和国（新中国＝現在の中国）が誕生すると、イギリスの態度は少しずつ変わり始めた。第二次世界大戦前までは世界一の大英帝国として君臨していたイギリスは、その地位をアメリカに譲るようになり、かつての威信を失い始めていた。

そのためイギリスはいち早く中国を国家として承認し、アメリカより先んじて中国の新たな市場から利益を得ようとしたのだが、台湾問題が引っかかった。中国は国交正常化に当たり以下の条件を出していたからだ。

●「中華民国」との外交関係断交を条件とし、「一つの中国」を認めること
●中華人民共和国が「中国」を代表する国として、国連に加盟することを支持すること
●中国の領土主権を尊重すること

の三項目原則である。ちなみにこのとき、沖縄県とか尖閣諸島などは、もちろん「中国の領土主権」の対象とはなっていない。

1950年1月6日になると、イギリスの外務大臣は中国の周恩来《しゅうおんらい》首相兼外務大臣に「グレート・ブリテンと北アイルランド連合王国は、こんにちを以て、中華人民共和国中国人民政府を合法的な政府とみなす」という覚書を渡した。労働党のクレメント・アトリーが首相だったとき（1945年7月～1951年10月）のことである。

ところが1950年6月25日に朝鮮戦争が勃発すると事態は一転。アメリカが韓国を応援すべく国連軍を結成すると、イギリスも直ちに国連軍側に付いた。米ソ冷戦構造の中で、アメリカだけが突出することをイギリスは嫌ったからだ。

特に1951年10月からは保守党のウィンストン・チャーチルが首相に返り咲き、第3期チャーチル政権（1951年10月～55年4月）を打ち建てると、対中国政策は強硬な敵対政策に戻ってしまう。

チャーチルは第二次世界大戦末期、アメリカのルーズベルト大統領の呼びかけに応じて「中華民

国」の蔣介石とカイロ会談を行った仲である。そのときの蔣介石の敵は中国共産党の毛沢東。その毛沢東が打ち立てた新中国を承認して中華民国と国交を断絶するなど、できるはずがない。

同じく保守党のハロルド・マクミラン政権（57年〜63年）になると、この傾向はさらに強まっていった。特に香港に関して「香港のイギリスに対する象徴的な意義および政治的な意義は、はるかに経済的意義を越えており、香港を遠東の反共基地として戦略的に死守し、絶対に放棄してはならない」とした。アメリカが冷戦構造の中で、日本を「極東の守り」としたように、イギリスは香港を「遠東の砦《とりで》」として対抗したわけだ。

おまけにその必要性は、かなり現実味を帯びていた。

当時のイギリスは中国人民解放軍が香港に対して突如武力攻撃をしてくるのではないかと危惧していたのである。なぜならマカオにおいて、１９６０年12月３日にポルトガルと中国とのにらみ合いがあり、中国人民解放軍が「武力攻撃をするぞ」とポルトガルに威嚇を掛けていたからだ。国力がすっかり弱っていたポルトガルは、中国に抵抗するだけの軍隊のマカオ派遣をすることができず、中国人民解放軍に全面的に譲歩していた。

そのため１９６１年２月22日、もし中国が武力行動に出て香港を奪還しようとしたら、中国に対して核攻撃をしようとイギリスは秘かに決意したのである。

しかしイギリス本土からの攻撃では遠すぎる。東南アジアのどこかに飛行機が緊急に離着陸できる軍事飛行場を建設しなければならない。そこで目を付けたのはモルディブとシンガポールだった。

モルディブはインドとスリランカの南西にあるイギリス連邦加盟国である。かつては侵略してきたポルトガル軍を撃退したこともある。

シンガポールは1819年にイギリス東インド会社の交易所として機能し、1824年からイギリスの植民地となっていた経緯がある。1963年にはイギリスから独立したが、マクミラン首相が、いざとなったら中国を核攻撃しようと計画していた時期は、まだイギリスの統治下にあった。長いことイギリス軍の要塞としての役割を果たしてきたのである。そこでイギリスは48個の核弾頭をシンガポールに運び、中国との核戦争に備えた。

60年代初頭から兄弟国ソ連と対立し始めた中国は、北はソ連からの攻撃、南はイギリスからの攻撃、そして東はアメリカを後ろ盾とした台湾からの攻撃に備えなければならず、四面楚歌となっていた。

しかし1964年10月6日、中国はなんと、核実験に成功したのである。

これを見たイギリスは度肝を抜かれた。

まさか、あの貧乏な中国が、核実験成功に至るとは思ってもみなかったのだ。以来、イギリスの対中強硬路線は影をひそめるに至る。

その原因の一つに、アメリカの微妙な動きをキャッチしていたことも挙げられる。

3　米中が接近するならイギリスも——一国二制度を準備した中国

1971年4月16日、ベトナム戦争に行き詰ったアメリカのニクソン大統領は「米中の国交樹立が長期目標である」という爆弾発言をして世界を震撼させた。その3カ月後の7月9日、キッシンジャー国務長官がいわゆる忍者外交と呼ばれる電撃訪中を演じると、イギリスだけでなく、日本も動転した。

こうしてイギリスは1972年3月4日に、ようやく正式に英中国交正常化を果したのである。エドワード・ヒース首相（保守党）のときのことだ。

大英帝国として繁栄を極めていたイギリスは、第二次世界大戦以降、すっかりアメリカに先を越されて過去の権威を失いつつあったが、1979年5月に「鉄の女」マーガレット・サッチャーが首相として登場すると、事態は変わっていった。

1982年3月19日、アルゼンチン海軍の艦艇が、フォークランド諸島のイギリス領サウス・ジョージア島に寄港し、イギリスに無断で民間人を上陸させると、サッチャーは直ちに原子力潜水艦派遣を決定。4月25日にはサウス・ジョージア島にイギリス軍が逆上陸して、即日同島を奪還した。アルゼンチン軍の抵抗があったものの、イギリス軍は戦局を有利に進め、6月14日にはイギリス軍が圧勝し、アルゼンチン軍が降伏して戦争は一瞬で終わった。

サッチャーが「中国への香港返還問題」で中国の鄧小平《とうしょうへい》と会ったのは、この後のことである。

フォークランド戦勝によって支持率が73％にまで上昇していた「鉄の女」は、改革開放の総指揮者・鄧小平の前でも、堂々としていた。99年間の租借を約束した新界は検討対象とする可能性はあっても、香港島および九龍半島は永久割譲なので渡すわけにはいかないというのが基本姿勢だった。基本、これまで締結してきた条約はいつまでも有効だというものだ。

しかし鄧小平も一歩たりとも引かない。

鄧小平は香港、マカオの返還を射程内に置いていただけでなく、最大の奪還目標は台湾であった。そのため1978年12月、第十一回党大会三中全会で改革開放を宣言し、79年1月1日に米中国交正常化を正式に締結すると、同日、全人大の議決を経て「台湾同胞に告ぐ書」を公開。台湾との平和統一を呼びかけた。

鄧小平は若いころフランスに留学したときに知り合った蔣経国《しょうけいこく》（蔣介石の息子）に「もし台湾が本土に復帰するならば、台湾は中国の現状を尊重する」と呼びかけた。

しかし、

●台湾は復帰すれば、今後1000年にわたり現行の社会制度を維持していい
●ただし「中華民国」の国旗は降ろすこと
●その代わりに国民党軍の保持は認める

という条件が付いていた。蔣経国は即座にこれを拒否。

一方アメリカ連邦議会下院は、1979年4月10日に「台湾関係法」を決議したので、蔣経国はなおさらのこと強気に出て、中華民国こそが「中国」を代表し、中国大陸は中華民国のものだと撥《は》ねつけた。

アメリカは中国との国交正常化のときには中華民国と国交を断絶し、「一つの中国」を中国に対して認めたのに、一方では台湾関係法で台湾との貿易やその他の交流を盛り込んでいたが、その目的が台湾の自衛に必要な武器の供給をアメリカが台湾に約束することであることは明らかだ。

鄧小平は激怒。しかしこのときの中国にはアメリカに対抗できる力は何もない。

韜光養晦《とうこうようかい》（力のないうちは闇に潜んで力を養え）という外交戦略を打ち立て、台湾の平和統一のために用意していた「一国二制度」を台湾に適用するのをしばらくは諦めて、先に香港返還を達成するために使うことにした。

もしサッチャーが主張するように、新界だけを租借権切れという理由で中国に返還した場合、香港島と九龍半島の水の供給は止まることになる。なぜなら香港地区の水は、新界地区を通して供給されているからだ。

そうでなくとも、鄧小平の頭には、命にかけても香港全体を取り戻すという強烈な決意しかない。分割など、あり得ないことだ。

サッチャーの北京訪問を前に、鄧小平は香港最大の海運王であった包玉剛《ほうぎょくこう》（Y・K・パオ）を北京に招いて香港事情を詳細に聞き、親交を深めていった。

まずは香港返還を順調に進め、「一国二制度」を成功させてから、台湾を口説けばいい。

そのためには香港とマカオ返還のために早くから（1978年4月に）設立してある「香港澳門《マカオ》弁公室」を最大限に利用すること（香港澳門領導小組組長・寥承志をイギリス訪問させること）。またパオから得た情報に基づき、「対外経済貿易部」部長の李強《りきょう》を香港に派遣して香港ビジネス界の大物たちを説得すること。（2014年4月に巨額の汚職によって捕まっている宋林・董事長がいた初期の）華潤《かじゅん》集団を対外経済貿易部と協力させて事業展開をさせること……。

そして何よりも準備しなければならないのは憲法だ。

中華人民共和国憲法に「特別行政区」を設ける条文を付け加えなければならない。

そこで、第31条に「国家は必要時に特別行政区を設立することができる」を付け加え、ただし「特別行政区において実行される制度は、具体的な状況に基づいて、全国人民代表大会によって法律的に規定される」という文言を付け加えることを忘れなかった。

形式的に新憲法が可決されたのは1982年12月4日に開催された第五回全国人民代表大会第五次会議だが、かなり前からこの文言は用意されていた。

4　中英共同声明——地にひれ伏した美しい金髪

さあ、いよいよマーガレット・サッチャーのお出ましである。

1982年9月22日、フォークランド紛争に勝利したサッチャー首相が、美しい金髪と高貴な表情の中に鉄の意思を秘めながら、堂々の北京入りをした。

迎える中国側は、まず趙紫陽《ちようしよう》総理に香港メディアに対して「中国の主権回復は当然であり、それが香港の繁栄と安定に（マイナスの）影響をもたらすことはない」とアナウンスさせ、既存事実を作ってからサッチャーと会談させる形を取った。

これは鄧小平の韜光養晦の中における戦略である。

サッチャー首相と会った趙紫陽総理は、記者会見で言ったのと同じ言葉を彼女に伝えた。

翌24日、憮然とした鉄の女は、金髪を輝かせながら、彼女よりもはるかに背が低い「鋼《はがね》の意思を持った男」鄧小平と初めて顔を合わせた。

以下は二人の主張の概略である。データは主として中華人民共和国国史網（網はここではウェブサイトの意味）の「中英関与香港問題的談判過程」（香港問題に関する中英談判過程）および中英談判中国側代表団元団長・周南や香港澳門弁公室元副主任・魯平等の証言を特集した「鳳凰視頻《ビデオ》」の番組などに基づく。後者はサッチャーの肉声とともに、彼女が鄧小平との2時間以上に及ぶ会談を終えて人民大会堂を去るときに、外の石段で転ぶ象徴的場面を動画で見ることができる。それは鄧小平に叶わなかったサッチャーが地面にひれ伏した姿として何度も繰り返し放映された。

【サッチャーの主張】

①イギリスがかつて締結した「南京条約」、「天津条約」＆「北京条約」および「展拓香港界址専条」の三つの条約は国際法的に合法であって、双方が合意しなければ変更はできないことになっている。イギリスは同意しない。よって変更はできず、この三つの条約は永遠に有効である。

②もしも中国がイギリスに代わって香港を統治したら、香港はたちまち崩壊してしまうだろう。イギリスは150年にわたって香港を統治しており、統治方法を心得ている。

③香港の繁栄と安定を保障できるのはイギリスだけだ。中国が統治すれば災難をもたらすだろう。

④だから香港はイギリスが統治すべきである。

【鄧小平の主張】

①論点は三つある。まず主権問題。率直に言うが、主権問題は議論の対象ではない。主権が中国にあることは明確で、議論の余地はない。われわれはこんにち、その問題を話し合うために集まったのではない。

②二つ目。1997年に中国が必ず香港を奪還することは既定の事実なので、問題はそれまでいかにして、スムーズに中国に返還するか、その方法論を討議するために集まったのである。

③三つ目。中国は新界を奪還するだけでなく、香港島と九龍を含めたすべてを奪還する。以上の三つは不変だ。いかにしてイギリスに協力してもらうかを、今日は話し合うだけである。

④万一にもイギリスが協力しないのであれば、われわれには「別の方法」だってある。平和裏にわれわれの領土を取り返すとは限らず、また取り返す時期も必ずしも1997年とは限らず、もっと早まる可能性だってある。

⑤われわれは新中国誕生から33年間待ったのだ（「1982年－1949年＝33年」の意味）。さらに15年間待って（「1997年－1982年＝15年」の意味）、もし自分の祖国の領土を奪還できないとしたら、人民はわれわれ（指導者）を信頼する理由を失うだろう。いかなる政府指導者であっても、下野しなければならない。

⑥よって、イギリスが統治を続けることは認めない。「港人治港」（香港人が香港を治める）とすべきで、このことは絶対に譲れない。

この瞬間、サッチャーの顔が心なしか青ざめたと、お伴の者はのちに言っている。

サッチャーがフォークランド紛争の圧勝によって、あまりに鼻息が荒かったので、周辺の者は彼女に鄧小平の「鋼のような意思」を事前に伝えることができなかったのだという。

前出の周南や魯平は、「鉄と鋼がぶつかった」と、このときのサッチャーと鄧小平の、互いに一歩も譲らぬ交渉を表現している。そしてサッチャーは鄧小平のあまりの威厳に圧倒されたと、のちに述べているという。

くり返すが、まるでそれを象徴するかのように、会談が終わって人民大会堂のエントランスにある石段の最後の2、3段に差し掛かったときだ。サッチャーの体がぐらりと揺らぎ、地面にひれ伏すように倒れてしまった。石段を踏み外してしまったのだ。

しかしその映像は「鄧小平に負け、地面にひれ伏したサッチャー」というイメージで全世界を駆け巡り、特に香港の新聞は一斉に第一面で、この姿を報道した。

すると、どうだろう。

なんと、香港の株価が一気に暴落してしまったではないか。

それは「あのイギリスが中国に負けるのか？」という不安と、言論弾圧の激しい中国の統治下に置かれるのかという、香港市民および西側諸国の投資家たちの不安がもたらしたものと考えられる。改革開放を始めたとはいえ、中国共産党による一党支配体制をやめたわけではない。

しかし、時勢は後戻りできないところに向かっていた。さすがの「鉄の女」サッチャーも、譲歩するしかないと思ったのだろう。その後、英中両国間で22回にわたる討論があり、最終的に１９８４年12月19日に「香港問題に関する中英共同声明（中華人民共和国とグレート・ブリテンおよび北アイルランド連合王国政府の香港問題に関する共同声明）（略称：中英共同声明）」は公布された。

人民大会堂の石段で「ひれ伏した」サッチャーの姿は、この中英共同声明発表に具現化されている。

声明の「一」には、

「中華人民共和国政府は、香港地区（香港島、九龍、新界を含む。以下香港と称する）の祖国への復帰が、全中国人民の共通の願いであり、中華人民共和国政府が1997年7月1日から香港に対し主権行使を回復することを決定したことを声明する。」

とあり、「二」には

「連合王国政府は、連合王国政府が1997年7月1日に、香港を中華人民共和国に返還することを声明する。」

とある。

サッチャーは鄧小平の言い分を全面的に認めたことになる。

共同声明のうち、今般の雨傘革命に関係すると思われる部分だけを、箇条書き的に列挙する。

●中華人民共和国は、香港に対し主権行使を回復するにあたり、中華人民共和国憲法第三十一条の規定に基づき、香港特別行政区を設けることを決定した。

●香港特別行政区は中華人民共和国中央人民政府の直轄下に置かれる（遠藤注：カバー見返しの図2参照）。外交と国防が中央人民政府の管理に属するほか、香港特別行政区は高度の自治権を享有する。

●香港特別行政区は行政管理権、立法権、独立した司法権と終審権を享有する。現行の法律は基本的には変わらない。
●香港特別行政区政府は現地人によって構成される。行政長官は現地で選挙または協議を通じて選出され、中央人民政府が任命する。
●香港特別行政区は財政の独立を保持する。中央人民政府は香港特別行政区から徴税しない。
●中華人民共和国の香港に対する前記の基本的な方針、政策は（中略）、中華人民共和国全国人民代表大会が中華人民共和国香港特別行政区基本法において規定する。
●「一国二制度」の下、1997年7月1日の中国返還以降、香港においては50年間、社会主義体制を実施しない。

この共同声明が発表されると、香港の株価は一気に元に戻った。

共同声明で最も注目しなければならないことは、

ここには「愛国」という言葉が出ていない

ということである。次に述べる基本法にも「愛国」という言葉は出てこない。初めて公式文書として出てくるのは2014年6月に出された『一国二制度の香港特別行政区における実践』という白書の中である。だからこそ、2014年に「雨傘革命」が起きた。これは重要な着目点だ。

「愛国」がキーワードである。

鄧小平の「韜光養晦」という外交戦略のなんとすさまじいことか！

香港人もそうだろうが、われわれも「目つぶし」を食らわされていたようなものだ。「愛国愛港」および「愛国愛澳」という言葉は、いつも出てきたようでいながら、実は公文書の中には「白書」が出されるまでは、出現していなかった。詳細は「白書」のところ（105頁）で述べる。


ところで、共同声明で規定された「50年間」に関しては、鄧小平らしい逸話がある。

22回にわたる討議の間、「それなら何年間、一国二制度を継続するのか」というテーマに関して論議することになったときのことだ。

鄧小平はイギリス側の者たちに、まず「10年間ではどうだ」と提案してみた。

イギリス側全員が強く「ノー！」と言った。

「それなら、15年なら？」と鄧小平はたたみ掛ける。

やはり「ノー！」と首を振る。

「じゃあ、30年なら？」

鄧小平が小刻みに期間を増やしていくと、この「30年」のところで、イギリス側が互いに顔を見合わせながら、黙ってしまった。

しめた——！

よし、これで行こう！

鄧小平はこのとき、きっとこう思ったにちがいない。そこで彼は

「わかった！　じゃあ、50年にしよう！」

と言った。

するとどうだろう。

イギリス側全員が、「すばらしい！」と拍手し、歓声とともに立ち上がったではないか。

こうして「一国二制度は50年間続ける」という大きな基本方針が決まったのである。

この手法、なんのことはない、中国で昔からある買い物のときに「値引き」交渉をする際のやり方である。

売る側は、最初は、たとえば１００円と言ってくる。買い手は「いや、高すぎる」という。「じゃあ、いくらなら買うんだ？」と売り手が聞いてくるので、70円くらいなら出してもいいと心の中で思っていても、まずは「50円じゃなきゃ買えないね」と応じる。すると売り手は「50円？　ご冗談でしょう！　それではこちらは売ることによって損をする。卸店から仕入れたときに、すでに70円かけて仕入れてるんだからね」と顔をしかめ、最後に「じゃあ、こうしよう。もう、損を覚悟で、75円で売るが、どうだ？　これでダメなら他の店に行ってくれ」と言う。

買い手側は70円ならいいかと心では思っていたので、まあ5円高いくらいならいいかと諦め、75円で手を打つ。売り手側は本当は50円以下で仕入れているので、最後は「よし売った！　今回だけは出血サービスだ」的なことを言って値引き交渉が成立するのである。

鄧小平はこの心理を利用して、もしかしたら新界の租借期間である99年をイギリス側が言ってくるかもしれないと心配していたので、先手を打ったわけである。イギリス側はまんまと、これに乗ってしまった。

あの大地の時間のスケールから言えば、「50年間」などは、一瞬なのである。


私たちはここで、一つの事象に目を向けておきたい。

それは、1982年9月24日、鄧小平と談判するサッチャーの傍に、影のように寄り添っていた、一人の男の姿である。

その名は、パウウェル卿。

2012年3月15日に失脚した元重慶市書記・薄熙来《はくきらい》の支援者で、その息子・薄瓜瓜《はくかか》がイギリスに留学していた間の後見人をしていた人物だ。

1941年生まれのパウウェル卿は、サッチャー首相やメージャー首相の個人秘書（1979年〜1997年）をしていた。個人秘書と言ってもスパイ活動やテロ等の危機から首相の身を守る官側の人間だ。日本人が言葉から連想する日本の国会議員などの「個人秘書」とは違う。あらゆる情報を頭に入れながら首相の身の安全を守らなければならない。そのためパウウェル卿は外交官として軍事諜報部のＭＩ５《エムアイファイブ》やＭＩ６《エムアイシックス》に属していた諜報のエキスパートでもある。

退官した後はディリジェンス・グローバル・ビジネス・インテリジェンス（Diligence Global Business Intelligence）という諜報関係の会社の役員になっていることから考えても「諜報のプロ」と言ってい

い。

パウウェル卿は、薄瓜瓜がハロー・パブリック・スクールにいたときも（2001年～）、オックスフォード大学在学期間中（2006年～2010年）も、瓜瓜の後見人になっていた。なぜなら薄熙来が自分のことを「将来の中国のプレジデント（大統領）」とパウウェル卿に宣伝していたからだ。何が目的なのか、パウウェル卿はつねに「将来の中国のプレジデント」になるであろう人に近づく傾向を持っている。

薄熙来夫人の谷開来がヘイウッド殺人罪で逮捕され、薄熙来も失脚すると、「自分は関係ありません」という顔をしながら、今度は習近平《しゅうきんぺい》国家主席の次の国家主席になるであろう胡春華《こしゅんか》に近づいている。

習近平政権になった後の2013年12月6日、現在は広東省の書記をしている中国共産党中央委員会（中共中央）政治局委員の胡春華に会うためにパウウェル卿は広東省を訪問。イギリスと広東省の貿易額は133・57億米ドルに達しており、今後もさらなる投資を歓迎するなどと、胡春華に述べている。

ここでパウウェル卿に触れたのは、雨傘革命が起きるとパウウェル卿はいち早く中国中央の側に立って中国中央の対雨傘革命政策を絶賛したからだ。

そのことは後で述べる。

第2章

香港特別行政区基本法に潜む爆薬
――成立過程とからくり

1　香港特別行政区基本法起草委員会

1984年12月19日に発布された中英共同文書には、以下の文言がある。

●中華人民共和国政府と連合王国政府は、本共同声明の発効の日から1997年6月30日までの移行期においては、連合王国政府が香港の行政管理に責任を負い、香港の経済の繁栄と社会の安定を守り、保持すること、中華人民共和国政府がこれに協力することを声明する。

●中華人民共和国政府と連合王国政府は、本共同声明の効果的実施をはかるとともに、1997年における政権の円滑な引き継ぎを保証するため、本共同声明の発効時に中英合同連絡小委員会を発足させること、同合同連絡小委員会は本共同声明の第二付属文書の定めるところにより職責を確定し履行することを声明する。

ここにある「第二附属文書」は、13項目から成るものだが、その中で重要と思われるものを列挙すると、以下のようになる。

●合同連絡小委員会は権力機関ではなく、連絡機関であって、香港あるいは香港特別行政区の行政管理に参与せず、これを監督する役割も果たさない。
●双方は大使級の首席代表1名およびその他4名の委員をそれぞれ指名、派遣する。双方はそれぞれ二十名以内の事務要員を派遣することができる。
●合同連絡小委員会は北京、ロンドン、香港で会議を開く。毎年少なくとも前記三地点でそれぞれ1回開くものとする。
●合同連絡小委員会は、双方の話し合いにより、専門家の協力を必要とする具体的事項を処理するために専門家グループを設けることを決定できる。

これに基づいて結成されたのが「基本法起草委員会」である。1985年4月に開催された全人代の第3次会議で設立を決議。6月に起草委員会の名簿を発表し、7月に同委員会が発足した。

英中両国の香港返還に関する談判では、絶対に香港政府を入れず、イギリスと中国両国間のみで話し合うとして譲らなかった鄧小平は、今度は中国大陸側と香港側の二者間で話し合うと宣言している。

ここのところは注意深く考察しなければならない。

中国は現在でも、たとえば南シナ海の海洋権益問題に関して絶対に「中国」対「東南アジア諸国」という形での話し合いに応じようとしない。それを嫌って、つねに「1国対1国」、つまり中国と東南アジア関係国の中のどこかの国と「1対1」でないと、話し合いをしたがらないのである。

多勢に無勢を嫌うのだ。多数決議決になってしまうからである。この知恵は鄧小平時代から連綿と受け継がれている。結果、起草委員会にはイギリスを入れず、大陸側と香港側のみとなった。おまけに「大陸側36人、香港側23人」という非常に不平等な構成であろう。

基本法はこの起草委員会の多数決議決で創案し、最終的に全人代にはかられて決議されたので、最初から圧倒的に大陸側に有利だ。この基本法が現在の香港の「憲法」のような役割をして、一国二制度を推進している。

そのためここでは、すべての構成メンバーの名前を列挙する（なお、大陸側と香港側の区別および当時の身分などに関しては、当面調べた段階にとどめている）。雨傘革命を理解するには基本法を分析しなければならず、基本法を分析するには、その成立過程と、誰が起草に関わったのかを正確に掌握しなければならない。かなり苦労したが、一人一人調べてみた（次頁の表1参照）。

こういう人たちが、あの香港基本法を起草し、現在の香港を縛っているのである。

草案は、この起草委員会以外にも、1985年12月に、「香港基本法諮詢（諮問）委員会」が設置され、香港各界からの意見を聴取した。この諮問委員会は香港各界の意見を聞くためなので、当然ながら香港側の人のみによって構成されている。その人数は180人。1988年4月と1989年2月に公開諮問委員会会議が開催され、香港市民をそれなりに満足させている。

表1　起草委員会構成メンバー一覧

主任委員	大陸側	姫鵬飛
副主任	香港側	安子介（資本家）、包玉剛（香港最大の海運王）、李国宝（東亜銀行会長）
	大陸側	許家屯、費彝民、胡縄、費孝通、王漢斌
秘書長	大陸側	李后（大陸側）
副秘書長	香港側	毛鈞年
	大陸側	魯平
委　員	香港側	司徒華（民主派）、李柱銘（民主派）、劉皇発（郷事派、保守）、李福善（裁判官）、李嘉誠（長江集団会長）、譚恵珠（女性、保守派）、譚耀宗（労工界立法局議員）、霍英東（左派資本家）、鄭正訓（香港生産力促進局主席）、査良鏞（雑誌『明報』創始者、作家として別名：金庸）、査濟民（香港興業國際集団創始者）、莫應淮（香港『華商報』法律顧問、広州にも。最年長）、黄麗松（香港大学学長）、馬臨（香港中文大學学長）、黄保欣（香港財政界、立法議員）、鄺広傑（聖公会香港澳門教区主教）、釈覚光（香港仏教聯合会会長、法師）、廖瑤珠（女性弁護士）、鄔維庸（医師、左派）
	大陸側	項淳一（全人代常務委員会法制委員会副秘書長、副主任）、柯在鑠（外交部国際条法司、外交部港澳事務弁公室主任兼中英卿合卿絡小組中方首席代表）、王叔文（中国社会科学院、憲法学者）、王鉄崖（北京大学、国際法学者）、許崇徳（中国人民大学教授、法学者）、芮沐（北京大学教授、国際経済法）、李裕民（西山大学、歴史学者）、蕭蔚雲（北京大学教授、法律）、呉大琨（中国人民大学、経済学者）、呉建璠（中国社会科学院、法学研究家）、張友漁（中国科学院副院長、法学。憲法修改正委員会副秘書長）、陳欣（女性、北京大学教授、中国保険社会保障）、陳楚（書道家。芸術家聯合協会副主席）、邵天任（外交部法律顧問、全人代外事委員会顧問）、林亨元（最高人民法院弁公庁副主任）、周南（外交部副部長＝副大臣、外交学院院長）、鄭偉栄（中英共同連絡小委員会委員）、栄毅仁（中国国債信託投資銀行董事長兼副総裁、中国民主建国会）、勇龍桂（国家貿易促進会副主席、国家計画委員会委員）、賈石（中国国際貿易促進委員会会長，兼对外经济貿易仲裁委員会主席）、銭偉長（民主同盟中央副主席）、銭昌照（全人代常務委員会法制委员会委员）、郭棣活（全国工商聯盟常務委員、全国華僑聯盟副主席）、容永道（会計学界代表）、裘劭恒（中国農工民主党党員、国際法学者）、雷潔瓊（女性。中国国际交流学会副会长、中国社会学学会副会長）、廖暉（国務院僑務弁公室主任）、端木正（中国民主同盟。最高人民法院副院長）

ここで注目していただきたいのは、起草委員会の香港側委員に序章で書いた李柱銘がいるということだ。２０１４年４月にワシントンでＮＥＤとトークショーを開き、オキュパイ・セントラルに関して堂々と論じていた人物である。李柱銘に関しては第３章４で詳述するが、１９９４年に民主党を創設し党主席になっている。その秘書をしていたのが、２０１４年の雨傘革命でオキュパイ・セントラル運動を起草した中心的人物、戴耀廷である。そして、戴耀廷は１８０名の香港代表の中の一員であった。二人いた大学生代表の一人として、基本法起草の諮問に携わっている。

つまり、雨傘革命においてオキュパイ論を展開した戴耀廷は、李柱銘とともに基本法の構成に関しては熟知していたはずなのである。にもかかわらず、のちに述べるオキュパイ論と基本法の間には整合性がない。おそらく起草段階で反対意見を主張したのだろうが、大陸側に有利な起草委員会のメンバー構成と、起草委員会そのものが「権力機関ではなく、連絡機関である」と中英共同声明で規定しているので、反対意見は反映されなかったのかもしれない。

一部の香港側メンバーの主張は、１９８９年６月４日に起きた天安門事件で表面化する。

民主を叫ぶ若者たちを武力鎮圧したことに抗議して、起草委員会の中の香港側委員であった査《さ》良《りよう》鏞《よう》（作家、金庸）と鄺広傑《かくこうけつ》（聖公会香港澳門教区主教）が辞任した。また、辞任はしてないのだが、天安門事件における武力弾圧を非難した香港民主派の司徒華《しとか》と李柱銘は、中国中央により解任された。一説には司徒華と李柱銘両名も実は抗議辞任しようとしたのだが、中国中央側がそれを許さず、「解任」の形を取ったとも言われている。

実は大陸側にも、処分を受けた者が出ている。それは起草委員会副主任の許家屯だ。彼は中英共同声明が出される前の1983年から、新華社の香港支社社長として香港に派遣されていたのだが、天安門事件に関して香港で起きた大規模抗議デモに関する報道規制を（香港で）しなかったとして、党籍を剥奪され、アメリカ送りとなった。

一国二制度における香港の自治などと、きれいごとを言ったところで、基本法ができ上がる前から激しい言論統制が行われていたのである。その結果、基本法草案はいっそう中国大陸側に有利に作成されていくことになる。

2　香港人という塊の「正体」は何か？

一方、天安門事件を受け、香港では激しい抗議運動が起き、そのときの全人口500万のうち、100万人が抗議デモに参加した。有史以来、最大規模のデモだった。

香港が中国に返還されるか否か、どのような基本法ができ上がるのか、香港人が息を呑んで見守っていたときに起きた、この「民主を殺す」事件。それがどれだけ香港人に大きな衝撃を与えたか、想像できるだろう。

絶対に、このような中国大陸に呑み込まれたくない。

金銭的に余裕のある香港人は、かつてイギリス領だったカナダやオーストラリア、あるいはシンガポールなどに逃げ、移民してしまった。カナダのバンクーバーに巨大なチャイナ・タウンがあるのはこのためで、あまりに香港人が多いので、バンクーバーを「ホンクーバー」と称するほどだ。

全世界のチャイナ・タウンの成長過程は、結晶成長に似ている。基板となる結晶があると、それをコアとして、相互作用によりくっついていき、つぎつぎと同類の結晶が成長して大きな塊となっていくのだ。

中国語では「帮《バン》」という言葉があり、これは「集団、仲間、グループ」という意味から発生して、「幇会《バンボイ》」（秘密結社）へと発展しているが、実はこの「幇」は「助ける」という意味の「帮助」から来ている。

中華民族は互いに離反しながらも、他方では互いに助け合いながら乱世を生き残ってきた。助け合わないと、命の存亡にも影響したからだ。最初にある集団（幇）が、どこかの国のどこかの地点に移民すると、そこを結晶成長のコアとして、他の同類の「幇」が強烈な引力に引き寄せられてくっつき、いきなり強固な結晶として「拠点」を形成する傾向にある。それが全世界のチャイナ・タウンだ。

おまけに「幇」は「青幇《チンバン》」だの「紅《ホン》（洪）幇《バン》」だのといった形で秘密結社化していったように、各国各都市のチャイナ・タウンに行くと、出身地や時代によって、やはり細かな「幇」に分かれていることに気づく。

遠藤はかつてサンフランシスコやニューヨーク、あるいはパリなどにあるチャイナ・タウンに行き、その「幇」の奥深くに潜り込んだことがある。そのときに、たとえばサンフランシスコの幇に関して説明するなら、広東系と福建系に分かれ、さらにそれが細かく、どの時代背景で移民したのか、どの村から移民したのかによって「結びつきの度合い」が違っていて、ある意味、他の「幇」に対して排他的なところさえあるのを知った。

その広東系の中に現在の佛山市から来た幇がある。佛山市は広東省のほぼ中央に位置し、省都の広州市に隣接している。この幇の中には「南海市、順徳市、番禺市」があったのだが、これを「三邑《ゆう》」と称していた。

三邑一帯はかつて「南海」と呼ばれている。秦の始皇帝が紀元前214年に、この地に「南海郷」という行政区分名を付けたことが起源だ。そこには6000年くらい前の、人類らしき痕跡があるという。

世界各地のチャイナ・タウンをうろうろしていたときに、この「三邑幇」の奥深くに導いてくれた老華僑がいた。その老華僑が『旅美（アメリカに旅した：遠藤注）三邑総会館史略』という仲間内だけでしか持っていてはいけない資料をくれた。

その中に、1850年に起きた「太平天国の乱」からの移民を中心として、アヘン戦争で清王朝から逃れながらも、カリフォルニアの金鉱を求めて集まった幇の軸があるのを発見した。いわゆるゴールドラッシュは多くの華僑を惹きつけたため、中国語ではサンフランシスコのことを「旧金山（ジュー・ジンサン）」と称する。

ここにいる華人華僑は当初、「合目的」的だったのである。金山を求めるという一つの目的が流浪の民の中にあった。だから結晶成長をする過程で、一定の方向性がある。

結晶成長を例にとって申し訳ないが、短いながらも香港滞在経験を含め、世界各地にあるチャイナ・タウンにおける華人華僑たちと接触をしていると、どうしても結晶成長過程を連想してしまう。

遠藤はまた1980年代初頭から約30年間にわたって、世界各国から日本に来る留学生たちの教育や相談業務に携わってきた。その経験からも言えることは、明らかに中華民族の動き方は他国と違い（韓国は少し似ているが）、さらに、香港の移民と、たとえばサンフランシスコの移民では、歴然とした違いを感じるのである。

サンフランシスコには「明確な目的性」において同質性があり、香港への移民の場合は「原因においては一致」していても、目的性に関しては必ずしも一致していない。つまり互いが異質であるという側面がある。

もちろんこれは初期の形成段階で、その後アメリカには中国人留学生やビジネスマンあるいは逃亡した腐敗官僚など、さまざまな種類の中華民族が流入している。シリコンバレーなどは、ＩＣ（Integral Circuit、集積回路）チップスをもじって、ＩＣ＝Indian Chineseと呼ぶほど、インド人と中国人によって占められている。中国人博士たちが母国に帰らず、シリコンバレーで起業してそこの住人となっているケースも多い。

それにしても、たとえばアメリカで言うならば、そこにいる中華民族は、膨大な種類に上る多民族から構成されている「アメリカ」という国家、あるいは精神文化の中に融合し、そこで新たな夢（アメリカン・ドリーム）を開かせようとする一致点がある。すでに存在する巨大な社会と文化を目指して融合をはかる対象がある。

しかし香港は、そもそもが「中国」であり、中華民族が住んでいた小さな区域だ。

たとえ150年間という長きにわたるイギリスの統治があったとしても、そこは植民地であって、夢見る外国ではない。人口の95％は自らの民族である漢民族によって占められている。

どこに抜け出し口があるのだろうか。

何かに向かって融合していこうという、特定の方向性を持った「ドリーム」はない。一致しているのは「原因」だけである。

それは「大陸からの逃避」という共通点だけを持つ。

「逃げること」、「逃避すること」、これが香港人の共通項であると思う。

逃げてどうするのか、どこに向かい、何を目指すというのか――。

その定まった方向性は、あまりない。

ともかく逃避すること自体に、行動の価値があった。

1949年に現在の中国が誕生するまでは、中国人たちはさまざまな戦乱から逃れ、中国が誕生すると今度は反右派闘争や大躍進による大飢饉あるいは文化大革命などの激しい政治運動から逃れるために香港にやってきた。思想が悪いとか反革命分子だとして、ほぼ無差別に逮捕投獄されたり、労働改造所にぶち込まれ、生涯出てくることができないまま命を落とした者の数のなんと多いことか。この悪名高き労働改造所が撤廃されたのは、習近平政権になってからのことである。だから香港人は中国共産党を嫌い、恐れた。

1984年に中英共同声明が出され、97年には香港が中国に返還されることを知った香港人は、今度は香港から他国に移民し、89年に天安門事件が起きると、やはり民主は守られないと知り、また他国に移民している。

このように香港は、中華民族のフロー（この場合は人流）の「通過点」であって、着地点ではない。

移民をする経済力を持ってない者、あるいは逆に、ここで一儲けしてやろうと狙う富裕層などは香港に留まっている。だから香港人はさまざまなベクトルを持っており、一定の方向性を持たないまま「香港人」としての「塊」を形成してしまった。

しかし大陸からの逃避という形でなく、香港で生まれ育った「逃避組二世」あるいは「三世」には、明らかに「香港人」としての新しいメンタリティがある。これはほぼ、香港返還後に生まれたか、その前後で物心ついた世代だ。

香港が中国に返還することが決まり、香港基本法が制定されてからは「大陸から香港に逃げる行動」は、あまり見られなくなった。そこに逃げたところで、民主の世界が待っているわけではないからだ。ここも「中国」になる。だから基本法制定以降の、民主を求める中国大陸人は欧米にしか逃げていない。

その前までに香港に逃げ込んだ中国人は、ある者は「香港人」としてのアイデンティティを持つようになり、ある者は「心の流浪者」として、まるでつねにスクランブル交差点に立っているように、各自が勝手なベクトルを持ち、あるいはベクトルさえ持たず、立ちすくんでいるようだった。少なくとも遠藤は、そのような印象を香港で持ったことがある。

ところが、そんな香港に、純粋で真っ直ぐな「香港人としてのアイデンティティ」をたぎらせた若者群像が現れた。この群像はそれまでの矛盾と混沌を突き破るかのように噴き出してきた。彼ら（彼女ら）を「香港新世代」と呼ぶことにする。

この香港新世代は、「逃げるために」ここにいるのでなく、「生きるために」最初からこの香港にいる。ここが彼らの生誕の地であり、魂の置き処《おどころ》なのである。彼らはある特定のベクトルを持っている。現地、香港で芽生え、「立ち昇る香港アイデンティティ」を自己の存在として持っているのだ。

ただし、ここで「香港アイデンティティ」と呼んでいるものは、固定化された何かを想定するものではない。安冨は「アイデンティティという概念は、地域や集団を固定する概念であり、これを社会的流動性の高い中国社会、特に香港という特別に流動性の高い空間に持ち込むのは適切ではない」と指摘している。したがってこの「香港アイデンティティ」という用語は、「新しいメンタリティを持つ香港新世代が戦いに敗れてしまい、自由な社会空間が失われるとともに消滅してしまう、命懸けの概念」として用いることとする。

「災難を逃れて逃避してきた者たち」がなぜチャイナ・マネーによって「民主」(あるいは民心)を買われ、雨傘革命支援には回らなかったのかは、このあと「価値観における世代間ギャップ」などで述べるが、このギャップは、天安門事件発生当時には存在していなかった。

だからこそ、100万人デモという、香港史上最大規模の抗議デモへと発展していったのだろう。香港に世界最初の「六四紀念館」(天安門記念館)が正式に創立されたのも、このときの民主への渇望と民主と言論を弾圧する中国中央政府への強烈な恐怖と警戒感があったからだと思う。

それこそが香港に根差している民主への闘いで、「民主が殺されること」に対する鋭敏なアンテナと感性が、香港人の一部にはまだ残っている。「一部」と書いたのは、天安門事件への抗議と鎮魂のデモと、雨傘革命の若者たちの意識は、実に微妙なズレがあるからだ。

3　基本法はいかなる爆薬を含んでいるのか？

基本法は大陸側に有利に起草され、１９９０年4月4日に第七期全人代第三次会議において可決成立した。当時の楊尚昆国家主席が同日付で署名し発布した。１６０条から成る基本法は、「外交・防衛以外の自治（司法・立法・行政・言論の自由・報道の自由など）」は認めるが、基本法の「解釈権」と「改正権」は中国中央の全人代常務委員会にあると明記している。ものすごい爆薬のような言葉が最初から仕組まれているのである。

おまけに「解釈権」に関しては１５８条に、「改正権」に関しては１５９条に書いてあることから推測されるように、条文の最後の最後に、目立たないようにくっつけたという形だ。しかし、この条文さえあれば中国中央にとっては怖いものなし。機会を見て、何でもできる構造になっている。

ちなみに「外交権」は、たとえば台湾を国家として認めず「一つの中国」という原則を守ることなどであり、「防衛権」は中国人民解放軍が香港に駐留して国家としての防衛に当たるという意味だ。

この中国人民解放軍の駐留に関しては、興味深い逸話がある。

習近平国家主席が、まだ清華大学を卒業したばかりの頃（１９７９年）、中共中央軍事委員会弁公庁で働くこととなり、軍事委員会秘書長で国務院副総理（外交担当）および中共中央政治局委員であった耿飈《こうひょう》（１９０９～２０００年）の秘書となったことがある。

この耿飈、香港に駐留する軍隊に関して、とんでもない発言をしてしまった。

それは84年5月15日から第六回全人大の第二次会議が始まろうとしていたときのことだ。

82年9月以来、中国とイギリスの間では「香港を中国に返還したあと軍隊に関してはどうするか」という論議が熱く燃え上がっていた。鄧小平は「中国人民解放軍を駐留させなくてどうする。軍隊を駐留させてこそ、領土主権が中国に移ったということの象徴となる」という意見だった。ところがイギリス側は「そんなことをしたら香港市民はみんな海外に脱出してしまって、香港経済はダメになる」と主張していた。「すぐ近くなんだから、何かあったときに香港政府が要請したら軍隊を派遣すればいいではないですか。イギリス軍は遥か遠くにいるのだから、何もふだんから駐留していなくても、中国が先に派兵することになるでしょう?」と、決定的な中国への帰属を歓迎しない傾向にあった。

そこである記者が、つい最近まで国防大臣であった耿飈に「香港市民は中国人民解放軍が香港に駐留することをとても怖がっています。中央は絶対に香港に人民解放軍を駐留させると考えているのですか?」と聞いた。

すると耿飈は「いやぁ……、まあ、必ずしも軍隊を駐留させるというわけではないでしょう」と、あいまいな返答をしてしまう。

それを受けて香港メディアは一気に熱気を帯び「香港が中国に返還されても、中国の軍隊が香港に駐留することはない!」と、まるで「万歳!」と言わんばかりに燃え上がった。

これを知った鄧小平は激怒。

同年5月25日の閉幕式後の記者会見で、一般報告が終わって会場警備員が記者を帰そうとしたときに、鄧小平は「いや、ちょっと待て！　帰るな！　話がある！」と引き留めて怒りの思いを記者団にぶつけた。

「耿飈の言ったことは嘘デタラメだ！　もし中国の人民解放軍が香港に駐在しないとすれば、領土主権は誰の手の中にあるというのか！　軍の駐留があってこその返還だ！」

と机を叩きながら大声を張り上げた。

会場にいた女性記者が、そのあまりの勢いに驚き、思わず手にしていたマイクを地面に落としてしまったほどだ。

それくらい、鄧小平にとって中国人民解放軍を香港に駐留させるか否かは重要なことだった。

現在の香港情勢を理解する上で次に重要なのは香港特別区行政長官の選挙だ。

基本法では行政長官の選挙は、各界から選ばれた選挙委員会委員によって選出されることになっている。基本法制定時点では選挙委員会は「四つに分類された24の業界（職能別団体）によって構成され、各職能分野が２００人ずつを選び出し８００人によって構成される」という形になっていたが、２０１１年12月13日に、この２００人が３００人になり、合計１２００人の選挙委員会委員によって間接選挙を受けることに変更された。

基本法とその附則「付属文書１」の規定に基づき、全人代常務委員会が決定した。

その結果、現在の選挙委員会の構成は表２（次頁）のようになる。

最後の第四職能にある立法会は、中国大陸における各地方政府の人民代表会議に相当する立法機関

表２　2011年に改正された職能別選挙委員会の業界名と人数

職能別	所属業界名（人数）
第一職能 （企業・産業界） 300人	保険業界（18）、航運交通業界（18）、不動産業界（18）、旅行業界（18）、第一商業界（香港総商会の所属企業・団体）（18）、第二商業界（香港中華総商会の所属企業・団体（18）、第一工業界（香港工業総会の所属企業・団体（18）、第二工業界（香港中華廠商聯合会の所属企業・団体）（18）、金融業界（18）、金融サービス業界（18）、輸出入業界（18）、紡織および衣料業界（18）、卸売および小売業界（18）、ホテル業界（17）、飲食業界（17）、香港雇主聯合会（16）、香港中国企業協会（16）
第二職能 （専門職） 300人	教育関係者（30）、弁護士（30）、会計士（30）、医師（30）、衛生サービス有資格者など（30）、技術者（30）、建築士など建築・測量・都市計画関係者（30）、ＩＴ関係専門職者（30）、高等教育関係者（30）、中医（漢方医）資格者（30）
第三職能 （社会団体等） 300人	漁業農業界（60）、労働組合（60）、社会福祉（60）、スポーツ・芸能・文化および出版業界（60）、宗教関係者（60）
第四職能 （行政） 300人	全国人民代表大会香港地区代表（北京で開催される全人代における一地方政府代表として参画する香港特別行政区代表）（36）、全国政治協商会議香港地区代表　（55）、立法會（60）、港九各区議会（59）、新界各区議会（62）、郷議局　（28）

である。なぜなら香港特別行政区というのは、中国大陸の既存の行政区分でいえば、省・直轄市・自治区などに相当するので、その政府は中国でいうところの地方人民政府（地方政府）の一つに位置付けられるからだ（カバー見返しにある図２参照）。

基本法では香港は１９９７年７月１日から正式に中国に返還され「香港特別行政区」と称されるようになるので、50年後の２０４７年には、「香港省」となるか「香港市」という形で直轄市になるかは今のところ未定。あるいは新疆ウイグル自治区や内蒙古自治区のように「香港自治区」となる可能性も否定できない。

附則「付属文書１」４には、「１００名（改正後は１５０名）を下らない選挙委員は、連名で行政長官候補者を指名することができる。各委員は候補者を1名のみ推薦できる」とある。

附則「付属則文書1」の5では「選挙委員会は推薦名簿に基づいて、一人一票の無記名投票によって行政長官候補を選出する」と規定している。その結果、多数票を獲得した候補者が行政長官として選出され、中国中央人民政府である国務院から任命される。

少なくともこれまでは、こういった間接選挙が行われてきた。

選挙委員会委員の選挙は、附則「付属文書1」の3に、香港の選挙法によって選出されると書いてはあるが、実際は「行政長官選挙条例」（付表13＆28）に基づく。それが何ともややこしいので、詳細は省こう。ひとことで言えば、それぞれの職能別団体に、社会における役割の軽重によって割り振られた委員の人数があり、その人数分を各職能別団体が団体内において選出するという方法を取る。その選出方法が各職能によって異なるので、その部分を省略するわけである。人数は表2に書いた通りである。

基本法第46条には、「香港特別行政区行政長官の任期は5年とし、一期だけ再任できる」とある。そのため基本法の附則「付属文書1」の7には「2007年以降の行政長官の選出方法に改正の必要がある場合は、立法会全議員の3分の2の多数で可決し、行政長官の同意を得、全人代常務委員会に報告し承認を求めなければならない」という、抱き合わせ条項がある。

なぜなら、1997年に最初の行政長官が選出されると、基本法第46条により「10年間」はその地位に就いていいことになるので、10年後の2007年には選挙方法を変える可能性も「ありますよ」と書いて、香港市民を安心させるわけである。

「きっと、民主的な普通選挙になるかもしれない」

と期待感を持たせたのは、基本法第45条に

「行政長官の選出方法は、香港特別行政区の実情および順を追って漸進するという原則に基づいて規定し、最終目標は広範な代表性をもつ指名委員会が民主的手続きを踏んで指名したのち、普通選挙で選出することとする」

という条文があるからだ（傍線：遠藤）。

特に傍線部分は、中国大陸における「民主的手続き」と「普通選挙」という呪文が、実際には何を指しているかを熟知していないと、香港市民は誤解してしまう。

中国大陸では、たしかに「一人一票」を徹底している。選挙権を持っている者はほぼ全員が選挙に参加し、投票率はほぼ100％に近い。病院に入院していても選挙委員会が投票箱を持って病室まで行くし、家で寝たきりであっても、家まで来て投票を求める。この徹底の仕方はすさまじい。

ただし、立候補する人に関しては最終的に中国共産党が指導する選挙委員会が「調整」をして限定的に決める。その立候補者を「思う存分、自由に選挙する」ことを、中国では「民主的」と定義し、「普通選挙」と称するのである。

この実態を知らないと、「指名委員会が指名してのち」の主語と動詞の意味を正確には理解できない。これがむしろキーフレーズなのである。このキーフレーズの含意を理解しないまま、条文の中から「民主的」という言葉と「普通選挙」という言葉を拾い上げて、民主主義国家流の解釈をしてしまうと、とんでもないことになる。

2014年秋から始まった雨傘革命は、このフレーズに関する期待と実態とのギャップから来ていると言っても過言ではない。

4　2003年、基本法第23条——爆発した50万人抗議デモ

江沢民が急がせた国家安全法

しかし、その2007年が来る前に、基本法に込められていた弾丸の引き金が引かれた。

まず2002年9月、当時の江沢民《こうたくみん》国家主席は、第一代目の香港行政長官・董建華《どうけんか》（親中派の大富豪）に対して、基本法第23条に基づいて「国家安全法」を制定せよと指示したのだ。

第23条には、

「香港特別行政区は反逆、国家分裂、反乱扇動、中央人民政府転覆、国家機密窃取のいかなる行為をも禁止し、外国の政治的組織または団体の香港特別行政区における政治活動を禁止し、香港特別行政区の政治的組織または団体の、外国の政治的組織または団体との関係樹立を禁止する法律を自ら制定しなければならない」

という条文がある（傍線：遠藤）。

やはり傍線部分が肝要だが、「自ら制定しなければならない」というのに、実際上は中国中央からの指示を受ける。それは基本法の解釈権と改正権を中国中央の全人代常務委員会が持っているからだ。

この第23条こそは、言論弾圧、民主活動の弾圧など、香港市民が最も警戒していた条項である。

しかし江沢民は2002年11月8日から14日まで北京で開催された第十六回党大会で中国共産党中央委員会（中共中央）総書記の座を退かなければならない。大陸でも1期5年、続投は2期まで、という任期があるからだ。翌2003年3月に開催される全人代では、国家主席の座も下りなければならないのである。

そのため江沢民としては何としても2002年11月の党大会で香港基本法の改正に関して討議し、それを翌年3月の全人代で決議し法律化することを目指したかった。この機を逃せば、次期国家主席（胡錦濤）が果たして断行しようと決意するか否かは保証の限りではない。だから2002年9月は、もう待ったなしのギリギリの時期だったのだ。

なぜ1997年7月1日に香港が中国に正式に返還されたときに、すぐにやらなかったかというと、それは香港市民をとりあえずは安心させておきたかったからである。また、台湾統一に向けたモデルケースとして、香港の一国二制度は存在しているので、台湾に対して、「ほら、一国二制度はこんなにすばらしいんだよ」というのを見せなければならなかったからでもある。

しかしその一方で江沢民には、国家安全法制定をどうしても急ぐもう一つの理由があった。

それは法輪功《ほうりんこう》問題だ。

法輪功とは1992年5月に中国の東北部にある吉林省長春市の李洪志《りこうし》が始めた太極拳あるいは気功のようなもので、さらに内面性の向上を取り入れて健康管理を訓練するということから、爆発的に学習者が増えた。というのも、改革開放とともに計画経済体制で保障されていた社会保障体制も崩壊し、それまでの「揺りかごから墓場まで」すべて国家が面倒を見てくれるというシステムもなくなったからだ。かといってまだ医療保険的な概念もなく、高騰する医療費の負担をどうするのかという不安は中国全土を覆っていた。その当時の中国人留学生の中には中国における医療費があまりに高いために、日本に来て留学生として健康保険に加入し、日本で治療するという者さえいたくらいだ。

だから党幹部の中に法輪功で体を訓練する者が出てきたのも、ふしぎではない。

しかしそうなると、単なる流行ではなく一つの組織としての力を持つ可能性もある。中国では任意の団体が活動してはならない。

そこで1995年になると江沢民は法輪功の組織を中国政府と結び付けようとして、政府の管轄下にある国家体育委員会や公共健康部および中国気功科学研究会などを指し向けて、法輪功創始者の李洪志に誘いをかけてきた。中国共産党の支部を法輪功の中に置き、会費を徴収すれば収入にもなると説得してきたのだ。

ところが李洪志はこれを拒否し、中国気功協会を退会した。

一つは心の訓練をするのに会費を徴収するというのは創設精神に反するし、何よりも中国共産党の下部組織に組み込まれることをいやがったからだと言われている。

すると突然、中国政府は攻撃の姿勢に入り始めた。

まず1996年6月17日の政府系新聞「光明日報」が「法輪功は封建迷信」という記事を発表。続いて中宣部がすべてのメディア関係者を呼び寄せて大会を開催し「反法輪功」の記事を書けと命令。また同年7月24日、中宣部は法輪功に関するすべての書籍の販売を禁止する禁書令を発布した。

こうして99年4月24日、天津市公安局が40名の法輪功学習者を逮捕すると、翌25日、北京の天安門広場は1万人以上の法輪功学習者で埋め尽くされた。彼らはただ静かに目をつぶり、座禅の形で合掌しながら座っているだけだったが、それは10年前の天安門事件を彷彿とさせるものとして江沢民に大きな脅威を与えたことだろう。

この映像は全世界に発信されたが、静かに冥想《めいそう》しているだけあって、何かしら異様な威圧感を覚えた者は少なくないだろう。

このとき中南海《ちゅうなんかい》（中国中央政府や中共中央の執務室、官邸があるところ）では慌ただしい動きが出ていた。

というのも、鄧小平が香港返還を目前にして逝去したあと、江沢民が「怖いもの知らず」とばかりに我欲をむき出しにし始め利益集団と化していたため、時の朱鎔基《しゅようき》国務院総理（首相）は、面と向かって江沢民とその息子の「腐敗」を批判していたからだ。

法輪功の代表団が朱鎔基への面会を求め、天津で逮捕された40人の学習者を釈放してくれと頼むと、朱鎔基はなんと、それを承諾した。

喜んだ法輪功学習者たちは天安門の座り込みを止め解散した。

しかし江沢民は激怒。

朱鎔基の態度は軟弱すぎるとして、同年6月10日、法輪功を弾圧するための組織を立ち上げる。それがこんにちの「６１０弁公室」である。

このとき中南海の中で、法輪功弾圧に反対あるいは消極的だった者たちがいる。

朱鎔基を筆頭に、李瑞環《りずいかん》（当時、中共中央政治局常務委員で政治協商会議全国委員会主席）や胡錦濤（当時、中共中央政治局常務委員、国家副主席、中央軍事委員会副主席）などだ。

朱鎔基の指摘がいかに正しかったかは、胡錦濤政権末期から始まり習近平政権になってから証明されている。法輪功弾圧に協力することによって権力の座を手にしてきた薄熙来や周永康《しゅうえいこう》は、みごとに利権集団のドンとなって逮捕された。610弁公室の主任だった李東生も2013年12月に失脚し逮捕投獄されている。いずれも罪状は腐敗。

このような流れがあったにもかかわらず、2002年8月23日と27日に、法輪功は河北省の易県や高碑店《こうひてん》あるいは保定《ほてい》周辺地区など数か所で、法輪功弾圧を記録した『見証』などいくつかのDVDを放映し、さらに有線テレビを通して重慶、鞍山《あんざん》、ハルビン、莱陽《らいよう》、煙台《えんたい》などでも放映。その結果法輪功関係者5000人が逮捕されている。

これに抗議して、法輪功の活動が自由に認められていた香港で、法輪功関係者による大小規模のデモが頻発していた。例によって、ひたすら静かに歩いたり、公園で座禅を組む抗議の仕方ではあるものの、江沢民にとって、香港におけるこの反応には、非常に危険なものを感じたにちがいない。江沢民が当時の香港行政長官に基本法第23条に基づいて「国家安全法」を一刻も早く制定せよと命じた背景には、こういう動きがあったのである。

特に胡錦濤は法輪功弾圧に消極的だったため、胡錦濤政権になったら自分の罪業《ざいごう》を糾弾し始めるかもしれないと警戒した江沢民は、それまで7人だった中共中央政治局常務委員の数を2名増やし、周永康と李長春という江沢民の腹心を無理やりにねじ込んだのである。こうして2002年11月の第十六回党大会でできあがったのが胡錦濤政権の「チャイナ・ナイン」体制である（『チャイナ・ナイン中国を動かす9人の男たち』参照）。

周永康は中共中央政法委員会書記（党内序列ナンバー9）として「公安・検察・司法」を牛耳り、李長春は中共中央精神文明建設指導委員会主任（党内序列ナンバー5）として中共中央宣伝部を中心とした思想統一のトップに立った。

爆発した香港市民の怒り

一方香港では、国家安全法制定に関する激しい抗議運動が起き始めていた。

それは法輪功とは関係なく、第23条が香港の言論の自由を完全に封殺するものとして、多くの香港市民に恐怖を与えたからである。

特に本章の前節で述べたように、天安門事件を受けて基本法起草委員会の中の査良鏞と鄺広傑は抗議辞任し、武力弾圧を非難した香港民主派の司徒華と李柱銘は、全人代常務委員会により解任されている。彼らは第23条の成立過程を知っているのである。そのため、

「天安門事件発生前までは、基本法に第23条はなかった。だから第23条は、民主を弾圧するために、新たに設けた条文である」

という、衝撃的な証言をして、香港市民の怒りの火をさらに燃え上がらせた。彼らの証言によれば、こうだ。

1988年8月に発表した基本法草案第一稿には23条ではなく、22条に「香港特別行政区は国家統一を破壊するか中央人民政府を転覆させる行為を禁止する条例を設けなければならない」とあっただけだ。しかし、この「転覆」という文字は、あまりにストレートで不穏当なので、もう少し含みのある程度の言葉に置き換えてはどうかという意見が出た。そのため1989年2月に発表した基本法第二稿では、「転覆」という文字が消されて次のようになっていた。

「香港特別行政区は反逆、国家分裂、反乱扇動および国家機密窃取のいかなる行為をも禁止する法律を自ら制定しなければならない」

ところが4カ月後の6月4日に天安門事件が発生すると、中国大陸側委員は、強硬に「中央人民政府転覆」を復活させ、かつ「外国の政治的組織または団体の香港特別行政区における政治活動を禁止し、香港特別行政区の政治的組織または団体の、外国の政治的組織または団体との関係樹立を禁止する法律」という文言を加筆せよと要求して、現在の基本法第23条ができ上がったのだと説明した。さらにこのとき、「香港が中国中央政府を転覆させる転覆基地になることを、大陸側は恐れたのだ」とのこと。


それでもなお、江沢民からの強い要求に押された当時の香港特別行政長官・董建華が、2003年2月に香港の立法機関である立法会に「国家安全法案」を提出すると、立法会は大荒れに荒れた。

このとき親中派の民建聯（民主建港聯盟）や自由党の議員が立法会の過半数を占めており、国家安全法制定に反対する民主派議員は不利な体勢にあった。

しかし採決日である7月1日が迫ると、香港の街は50万人を越える抗議デモ参加者で埋まり、おまけに親中派であるはずの自由党主席・田北俊《でんほくしゅん》が採決延期の立場に回ると、董長官は強行採決を断念し、「国家安全法案」は廃案となってしまった。

歓喜の声を上げたのは香港市民だ。

しかもそれだけには留まらなかった。

中国中央の言いなりになろうとした董長官は民衆の信頼を失い、力を得た香港市民は董長官の辞任を要求するとともに、関心の矛先は自ずと「行政長官をいかにして選ぶか」という、「長官選挙」問題へと大きく舵を切っていったのである。

こうして、民主選挙への関心は高まり、もっぱら本章の3で触れた基本法第45条と46条および附則「付属文書1」に書かれている長官選挙に関する「民主選挙」への激しい主張と、董長官辞任要求の叫びが香港を覆った。

2003年11月には「基本法45条関注組（基本法45条を重大な関心事とするグループ）」という政党まで誕生し、民主選挙要求への高まりを見せた。

さらに起草委員会が基本法草案過程で何が起きたかをつぎつぎに明らかにする中で、実は第二次草案（1989年2月）では、2007年以降の行政長官および立法会議員の選挙は「直接選挙」を行うということが書いてあったことも明らかになった。しかし1990年2月に発表された基本法では、その文言は削除されていたという。

こういった内部情報が香港市民に伝わると、中国中央の「民主弾圧」に対する危機感はますます成長し、北京の言いなりになる董長官への辞任要求に拍車をかけた。

一方、２００３年３月に胡錦濤政権が誕生すると、中国大陸ではＳＡＲＳ《サーズ》が流行し、世界を恐怖に陥れた。発生した地域は広東省で、最初の患者が発見されたのは、なんと２００２年12月だったのだ。それまで広東省の書記は江沢民の腹心の一人、李長春だったが、江沢民は自分の政権が続く２００３年３月17日の全人代最終日までは、李長春に命じて、この事実を発表させなかった。胡錦濤政権に打撃を与えて、自分は逃げ切ろうとしたのである。

ＳＡＲＳが正式に国際社会に公表されたのは胡錦濤政権が誕生した翌日の３月18日である。このときすでにＳＡＲＳは世界各地に蔓延していた。国際金融都市として飛行機で行き来する人流が多い香港も例外ではない。

そのためＳＡＲＳの隠蔽工作に加担したということも重なって、董長官への辞任要求はますます激しくなっていた。

結果、２００５年３月12日、董建華は任期（２００７年）を待たずに辞任した。これは香港市民の声が、香港政府を動かした画期的な出来事だった。

その香港市民の勢いがなぜ削がれたのか？

２０１４年、なぜ若者だけが民主を叫び、市民は必ずしもそれに同調しなかったのか？　次にこの謎を解いていかなければならない。

第3章

チャイナ・マネーからオキュパイ論台頭まで
——反愛国教育勝利の中で何が起きたのか？

1　CEPAと「9プラス2」汎珠江《はんじゅこう》デルタ大開発
——チャイナ・マネーが「民心」を買う

2003年3月に胡錦濤政権が誕生すると、江沢民の強硬策から懐柔策へと方針転換された。胡錦濤（前国家主席）はそもそも法輪功弾圧にも積極派ではなかったし、温家宝（前国務院総理＝前首相）も胡錦濤と同じ立場だった。だから香港の「国家安全法」に関して、江沢民のような強硬策はいっさい取っていない。

その代わりに「懐柔策」という兵法を採用。

胡錦濤はチベット自治区で少数民族の反乱を弾圧した経験があるが、そこから逆に懐柔策の方が有効であることを学んだのだろう。国家主席になると、ウイグル自治区に漢民族を送り込み、ウイグルの経済繁栄をもたらすとともにウイグル自治区の「漢民族化」によって、辛うじて統治を保ってきた。しかし最近では漢民族の跋扈《ばっこ》によってウイグル族が置き去りにされ、ウイグル独自の文化までが浸食されてなくなりつつあるために、暴動やテロが頻発し、結局また警備を強化している。

胡錦濤政権が始まったころは、まだ懐柔策が有効だと思ったにちがいない。

中国中央は「経済救港」（経済によって香港を救う）をスローガンに、慌ただしく動き始めた。

２００３年６月29日、香港の中国返還記念日である７月１日に起きるであろう大規模デモを予感していた中国中央は、香港の心を金で抱き込まんとばかりに、「内地（中国大陸）と香港の経済連携緊密化に関する取決め」に署名する。これは英語で〝Mainland and Hong Kong Closer Economic Partnership Arrangement〟と訳されているが、後半の〝Closer Economic Partnership Arrangement〟部分だけを取って、ＣＥＰＡと略称する。

ＣＥＰＡは一種の自由貿易協定で、３７４品目の香港製品が中国大陸への輸入関税免除の対象となり、特定の業種において、香港で事業実績のある企業に対し、中国大陸への参入を認めた。ＣＥＰＡで参入が認められたのは、経営コンサルティング、会議・展覧、広告、会計、建設・不動産、医療・歯科、流通、物流、貨物運送代理、倉庫業、運輸、観光、音響・映像、法務、銀行、証券、保険、付加価値通信サービスの計18業種である。

これがやがて、第2章の3で述べた香港基本法とその附則「付属文書１」に基づき決定した四つの職能の選挙委員会メンバーと重なっていく。２０１４年の雨傘革命で「民主派が排除される結果を生む」として抗議の対象となった原因の一つは、すでにこのあたりから芽生え始めている。

２００３年7月になると、中共中央は「中央港澳《ガンアオ》（香港・澳門《マカオ》）工作協調小組」を設立して国家副主席の曽慶紅《そうけいこう》を組長に当て（2007年からは国家副主席としてチャイナ・ナイン入りした習近平が組長）、国務院（中国人民政府）にはその事務局である「国務院港澳事務弁公室」を設置する。

頭に「中央」が付く組織名は「中共中央（中国共産党中央委員会）」の下に設立されたことを意味し、頭に「国務院」とか「国家」といった文字が付いているときは、国務院（中国人民政府）側に設立されたものと、理解していただきたい。

香港基本法には、税収・財政に関しては互いに干渉しないと書いてあるが、中国中央はそれまでの「水」の供給だけでなく、「銭」の供給も始めたのである。

2003年7月、「中央港澳工作協調小組」は、まず珠江《しゅこう》デルタ開発プロジェクトの中に、香港とマカオの特別行政区を入れ、「9プラス2」汎《はん》珠江デルタ大開発プロジェクトを立ち上げることを提案し、チャイナ・ナインで決議した。

もともとの珠江デルタ開発プロジェクトは「福建省、江西省、湖南省、広東省、広西チワン族自治区、海南省、四川省、貴州省、雲南省」の「9つ」の省・自治区をひとまとめにした開発プロジェクトであった。そこに「香港とマカオ」という「2つ」の特別行政区を入れて、「9プラス2」と名付けたのである（中国語では「9加2」と書く。日本語では「9＋2」と訳す場合が多いが、この「＋」の文字が見にくい場合もあるので、ここでは「加」を「プラス」と書くこととする）。

もとの珠江デルタ開発区は面積的には全国の5分の1で、人口は3分の1、経済総生産は全国の3分の1を占めていた。つまり面積的には5分の1と、そう大きいわけではないのに、人口密度や経済総生産に関しては非常に大きな割合をはたし、効率がよいということだ。

そこにさらに香港とマカオが加われば、一つは「さらに強くなり」、一つは「香港とマカオは中国という国家の中の一つですよ」というイメージを濃厚にしていくことができる。

2004年6月3日、「汎珠江デルタ地域協力枠組協定」は調印され、7月14日から駆動し始めた。内容的には「中国本土・香港経済貿易緊密化協定」および「中国本土・マカオ経済貿易緊密化協定」を軸として、「インフラ（エネルギー・交通・道路）、産業、投資、ビジネス、貿易、観光、農業、労務、科学教育と文化、情報化建設、環境保護、衛生と防疫」などを協力分野として定めている。

しかしなんといっても大きなインパクトを持っていたのは「観光・旅行（旅游）」に関する規制緩和だった。7月14日に開催されたフォーラムでは2926億元（当時のレートで約3兆8000億円）の契約が調印されたが、その中で以下のことを確認し合った。

●各関係者は、区域内の観光・旅行に関する協力を全面的に推進する
●区域内の観光・旅行に関する発展戦略と市場開発を共同研究すること
●区域内の観光・旅行に関するデータバンクを設立すること
●区域内の観光・旅行ウェブサイトの経営販売システムを立ち上げること
●観光・旅行に関する電子ビジネスサービスに関するプラットフォームを創設すること
●区域内の高級な観光・旅行路線を企画し普及させること
●区域内の観光・旅行に関する特徴やブランド品などを打ち出すこと

などなどだ。このプロジェクトほど、香港にとって魅力的なことはなかった。なぜならSARSにより、観光客が激減し、それに伴い観光業だけでなく小売業、飲食業も大きな痛手を受けていたからだ。

このプロジェクトを可能にさせるために、中国中央は香港への個人旅行を解禁した。これを中国語では「自由行」と称する。それまでは団体旅行が限定的に許可されていた程度だったが、個人で香港入りをしてもいいということになったのだ。

そうなれば、香港に行く際に持ち出してもいい金額が問題となる。当時中国はどの国に行くにも、携帯可能な金額の上限を定めていた。「外国に行くときの制限」を香港にも適用するのは、「一国二制度」の「一国」という概念と矛盾する。香港は中国の一地方政府に相当するはずだ。

そこで香港においても人民元によるクレジットカードの使用を容認したため、自ずと香港における持ち出し金額に関する上限がなくなってしまったことになる。

この二つの規制緩和が香港にもたらした恩恵にはすさまじいものがある。

あれだけ基本法23条に基づく国家安全法制定反対に燃えていた香港市民は、「銭に向かって進み始めた」のである。

1949年に中華人民共和国（新中国）が誕生したとき、人民はみな「向前看《シェンチェンカン》！」（前に向かって進め！）というスローガンを叫ばされた。映画館に行っても映画が始まる前に「向前《シャンチェン》、向前、向前――！」という言葉で始まる歌を聞かされたものだ。立ち上がって一緒に歌わないと、「革命度が低い」と非難される可能性があり、みな他人の目のために立ち上がり、拳を振り上げて歌った。

ところが1978年から改革開放が始まり、1992年から市場経済が推進されるようになると、誰もが「銭《ぜに》」に向かって走り始めたのだ。

この「銭」という文字、中国語では「チェン」と発音する。

「前」という文字の発音と声調まで含めて完全に同じだ。

そこで人々は「向前看！」を「向銭看《シェンチェンカン》！」（銭に向かって進め！）ともじり、自嘲的に言い換えながら、ひたすら「銭」に向かって突き進んだのである。

もし、「個人が金儲けをすることは罪悪だ」という新中国誕生以来の思想的抑圧がなかったら、市場経済後の中国人民が、ここまで「銭」に向かって邁進することもなかっただろう。それまでの「抑圧」は、まるで高跳びをするときのバネの役割を果たし、強烈なジャンプ力となって、中国経済を押し上げている。

この「向銭看！」が、香港では10年ほど遅れて始まるのである。

香港の中年層以上はみな、大陸から逃亡してきた者たちだ。中国における精神的抑圧を経験している。だから向かうのは「銭」。

特に2003年の基本法23条で思想弾圧の恐怖をはねのけた香港人にとって、2004年から始まった「銭」のシャワーは、大陸における高跳びのバネの役割にも似て、堰《せ》き止められていたダムから一気に水が噴き出すように、「向銭看」に勢いをつける。

新界を通じて広東省の深圳河から香港に注ぎ込まれてきた水のように、大陸本土は香港に豊かさを与えてくれる源かもしれないと思う中高年層が増えてきたのである。

それからというもの、香港の街には大陸からの観光客が怒涛のように押し寄せ、富裕層が高価なブランド品を買いあさるようになった。小売店でも大量に日常品を買っていく。そのうち、家も購入してよいことになり、大陸からのお客さんが香港に落とす金もまた、尋常ではなくなっていった。その結果、香港の街が従来のような香港らしさを失い、住宅価格の高騰も招いた。２００９年にはマルチビザも発行されるようになり、香港７００万強の人口に対して、大陸から年間４７００万人の観光客がやってくるようになる（２０１４年データ）。その中には貴金属や脱脂粉乳などの日用品を買いあさり、大陸で高く転売する（課税なし）「輸入」の抜け道なども頻発し、「イナゴ大群」と呼ばれるようになる。「イナゴ」に関しては第Ⅱ部で詳述する。

また中国の一人っ子政策は、他国でなら2人目を産んでいいことになっているので、妊婦が大量に香港にやってきて病院のベッドを占領してしまう状況も、やがて生じるようになる。しかし不満を抱きながらも、香港の中高年齢層の民主への情熱は、「向銭看！」とチャイナ・マネーによって減衰していく。

こうした状況を先に作っておいてから、２００４年4月26日、全人代常務委員会は、「２００７年における次期行政長官選挙では普通選挙を実施しない」と宣言していた。「港人治港」と言いながら、結局は基本法にある全人代常務委員会の解釈権が行使されたのである。

2　愛国論争と愛国教育導入への抗議デモ

愛国論争

実はこの２００４年4月26日の全人代常務委員会による２００７年長官選挙に関する宣言の前に、大陸側が打った、もう一つの手があった。

それは「愛国論争」である。

2003年7月1日の50万人規模の抗議デモを受けて、香港における国家安全法案は廃案となったが、しかしそれは「香港政府の愛国教育の欠如にある」と、国務院港澳弁公室の徐沢副主任が発言したのだ。デモから2カ月後の同年9月4日のことである。

徐沢によれば、香港政府はマカオ政府よりも基本法の教育を熱心に行っていないため、若者たちは基本法さえも十分には理解しておらず、香港が中国という「国家」の中の一つであるという概念も意識していない。だからもっと「愛国教育を強化せよ」とのこと。

ここから激しい「愛国論争」が始まる。

なぜこのような爆弾を香港に投げ込む必要があったのかというと、実は背景には台湾の総裁選が控えているという事情があった。

台湾では2000年に台湾の独立を唱える民進党の陳水扁《ちんすいへん》が「中華民国」総統に当選し、半世紀におよぶ国民党の独占支配体制を、民主選挙によって終わらせている。

総統の任期は4年。2004年3月20日には陳水扁2期目の選挙を迎える。

中国中央は、どのようなことがあっても台湾独立を叫ぶ陳水扁を当選させてはならないとして、貿易交流などを通した台湾国民への懐柔を行っていたが、なんといっても香港が一国二制度の良いモデルとならなくてはならない。だというのに2003年の基本法23条問題で、いかに大陸側が強引であるかを見せつけてしまった。このままでは陳水扁当選を応援するような形になってしまう。

おまけに2003年7月1日の大規模デモに勝利した香港政府の民主党派は、勢いを得て「民主選挙」に矛先を変え、事実、同年11月23日の区議会議員選挙で民主派政党が圧勝している。

香港の民主党派政党には主として民主党や公民党、あるいは過激な社会民主連戦などがあり、親中派政党には民建聯（民主建港協進聯盟）、自由党（親財界派でもある）などがある。

民主派は「民主」を標榜し、親中派は「愛国」を叫ぶ。

しかし民主派とて「愛国」でないわけではなく、民主派流の「中華民族への真の愛国心」があるからこそ、天安門事件への糾弾を緩めないのだ。その意味では「愛国」である。

ところが親中派の愛国は「中国共産党を愛する」という、中国中央にとっては非常に都合のいい「愛国」だ。都合がいいというよりは、コントロールされていると言えなくもない。

そこで親中派は民主派を「お前らは愛国ではなく、国を裏切っている」と攻撃。

それが庶民の間にも下りてきて、「香港人にとって愛国とは何か？」「誰がほんとうの愛国者なのか？」という議論を巻き起こさせたのである。こうしておけば、しばらくは「2007年には普通選挙はしない」という宣言をしなくて済む。

愛国論争に明け暮れている内に、台湾の選挙は僅差で民進党の陳水扁の勝利となった。

だとすればもう、これ以上、台湾を気にしてもしょうがない。

そこで全人代は約1カ月後の4月26日に「2007年における次期行政長官選挙では普通選挙を実施しない」と宣言したのである。

ただし、愛国論争には、もう一つの弾薬が込められていた。

それは愛国論争の間に、中国中央は「愛国愛港」という言葉を頻繁に発していたことである。

これは来たるべき「大陸における愛国教育の香港への導入」と、2014年に発刊される香港基本法についての白書への地ならしだったのである。

愛国教育導入への抗議デモ――立ち上がった15歳の黄之峰

早くも問題の2004年に香港では「国民教育センター」が設立されたのだが、同時に公民教育委員会（1986年5月設立）と青年事務委員会は「国民教育専責小組」なるワーキンググループを作り、国民教育の普及に努めはじめる。「専責」とは「専門的に責務を負う」というような意味である。「国民教育」とは、「一国二制度」の「国」の方である「中華人民共和国＝中国の国民に対する教育」を指し、「あなたもこの偉大なる国、中国の国民なんですよ」ということを、香港市民に（思い）知らせるためのものだ。

2005年6月には香港政府と公民教育委員会および青年事務委員会は「国民教育国際研究会」を設立し、国民教育を施し、国歌を歌い、国旗を掲げるのは世界のどの国でも同じだということを示すようになる。こうして2004年の10月1日からは中国本土の「国歌」を香港の国家として歌い、国慶節（中華人民共和国が誕生した日である10月1日）を祝賀するようになった。

2006年1月21日、行政長官・曾蔭權《そういんけん》（辞任に追い込まれた董建華・元長官の後任）によって国民教育センターの開幕式が晴れ晴れしく開催された。そこで「小さいときから中国の歴史や中華文化、とりわけ中国の国情を学ばなければならない。そのために小学校から高校に至る課程まで、この教科教育をしなければならない」と演説したのである。ここでいう「国情」とは「中国共産党が支配しているという実情」と解釈していい。

これらの動きは当然のことながら中国中央の指示と連動しており、それはまた、香港の中国返還10周年記念を祝うために2007年6月30日に香港を訪問することになっている胡錦濤国家主席を迎えるための赤絨毯であったと言ってもいいだろう。胡錦濤はこのときの晩餐会で「国民教育」に言及し、次のように述べている。

「われわれは青少年に対する国民教育を重視し、香港と内地（大陸本土）の青少年交流を強化して、香港の同胞が〝愛国愛港〟の光栄ある伝統的な灯を受け継いでほしい」

胡錦濤は言論に関しては大陸内でもかなり厳しい思想統一を断行しているが、香港においてもそれを進めようとしていた。そして何よりも香港市民が「香港人」としての自己認識ではなく、あくまでも「中国人」としての位置づけに重点を置き、離反しないようにしなければならない。そのために「国民教育→愛国教育→中国共産党を愛すること」を普及させようとしていたのである。

その証拠に、曾蔭權長官は、2007年から2011年にかけて、連続5年間にわたる施政報告の中で、必ず「国民教育」に言及している。

そして運命の日がやって来た。

2011年5月5日に、香港政府が「徳育と国民教育科課程指導要領」の諮問文書（冊子となっているアンケートのようなもの）を制作し、この科目を今後小学1年生から高校3年生までの必須科目とすることの是非を問うため、関係小中学校の校長と一部の教師に配った。合計冊数1万冊。

これを知った当時まだ15歳だった黄之鋒（ジョシュア・ウォン、1996年生まれ）は、通っていた匯《かい》基《き》書院という中学の仲間に呼びかけ、5月29日に学生組織「学民思潮」を結成。直ちに国民教育への抗議運動を始める。両親が敬虔なキリスト教徒で、天安門事件の哀悼集会（毎年6月4日）には必ず参加していたという経験を持つ。そのことから「自由と民主」への精神が養われていたのだろう。

諮問文書を配った対象は校長と一部の教師だけであって、学生たちの意見を反映してないのではないか、なぜ学生に真っ先に聞かないのかとして、学生組織「校園（キャンパス）意志」と民間組織「九十後動員」（九十後：大陸の「90后」と同じで1990年以降に生まれた者）および「90後社運」と連携して「徳育と国民教育科に反対する聯盟」を立ち上げた後、それを「学民思潮」と命名したのである。

黄之鋒については、第Ⅱ部において深尾や刈部が詳細に論じているので、重ならないようにしたいが、流れの説明上お許し願いたい。

なぜならここに、序章で触れたオキュパイ・セントラルという戦法が必ずしも市民の支援を十分に得ることができなかった原因の一つを見い出すことができるからだ。この違いゆえに、反愛国教育運動は成功し、オキュパイ・セントラルは必ずしも成功できなかったという差異が出てくる。

これは今後の「雨傘革命」を継続する上で不可欠の考察である。

黄之鋒は2011年6月27日午後4時30分に開催された立法会の公聴会に参加した。そして学民思潮を代表して「政府が徳育と国民教育科を小中校教育課程の科目に設けることに反対する」と発言し、その意見書を提出。このことは「立法會CB（2）399／11-12號文件」（ファイル・ナンバー：CB2／PL／ED）として、「立法會 Legislative Council」の議事録に記録が残っている。

このとき公聴会に参加した組織代表は44名おり、議題は「徳育と国民教育科の諮問」であった。公聴会参加者は議長の許可を得て参加しており、発言も可能だというのは、ある意味、ずいぶんと民主的な運営であると思われる。

立法会の会議が終わると、黄之鋒は他の民間組織とともに立法会庁舎前で記者会見を開き、政府が民間組織の要求を聞き入れてくれるよう訴えた。

香港の中国返還記念日である7月1日は、毎年抗議デモが行われるが、2011年も「徳育と国民教育科を撤回することを要求する」ことをスローガンとしてデモ行進があり、学民思潮はデモの一組織として参加している。

その後も学民思潮はいくつかの抗議デモを仕掛けたり、香港政府の教育局に押しかけて抗議表明をしたりなどしたため、その存在は徐々に市民権を得るようになる。

2012年3月になると、事態は決定的な局面を迎えた。

香港政府教育局管轄下の国民教育服務中心（サービスセンター）が『中国模式　国情専題教学手冊』（中国モデル　国情テーマ教学ハンドブック）という学習手引書を出版したのである。

教育局はさらに、このハンドブックを6月から香港にあるすべての小中学校および高校に配布して国民教育の手引きとすると宣言したのだ。

この瞬間から香港中の教育に関係する人々の間で激しい抵抗の旋風が巻き起こった。

学生たちだけでなく、その保護者や教師などを中心として、全市民に衝撃を与えたと言っても過言ではない。

なぜなら、このハンドブックには至るところに「中国共産党がいかに偉大か」を宣伝する文言や画像が満載されていたからだ。それはまさに中国大陸で1994年から始まった「愛国主義教育」そのものであった。

おまけに「国情」とあり、中華人民共和国誕生以来の主要な国史が書いてあるというのに、その中には天安門事件など中国の負の側面はいっさい書かれておらず、ひたすら中国共産党がいかに偉大かという礼賛の事象だけが書いてある。最も受け入れられなかったのは、生徒たちが「愛国であるか否か」によって評価点（内申書）をつけるシステムを当局が導入しようとしていたことである。

これは「洗脳《せんのう》書だ！」として香港市民の心を激しく刺激した。

「香港を共産党で汚染させるな！」というスローガンも叫ばれ、2012年7月29日に政府総部周辺を中心として10万人デモに発展した。その中には手押し車の中にいる赤ちゃんを伴った父母もおり、史上最年少のデモ参加者として注目された。

こうして同年9月8日、梁振英長官はついに降参し、「強制的に国民教育科という科目を教育機関に設けさせることはせず、各学校の自主性に任せる」と譲歩した。そして3年後、すなわち「2015年からは必須科目とする」という案を廃案にしたのであった。ただし、「延期する」としただけで、「撤廃する」とは言っていない。

それにしても、香港政府をここまで追い込めたことは、学生たちにとっては、まるで奇跡のようなできごとだったにちがいない。

まさか一人の若者から発した運動が、中国中央の指示と香港政府の指針を撤回させるところまで行

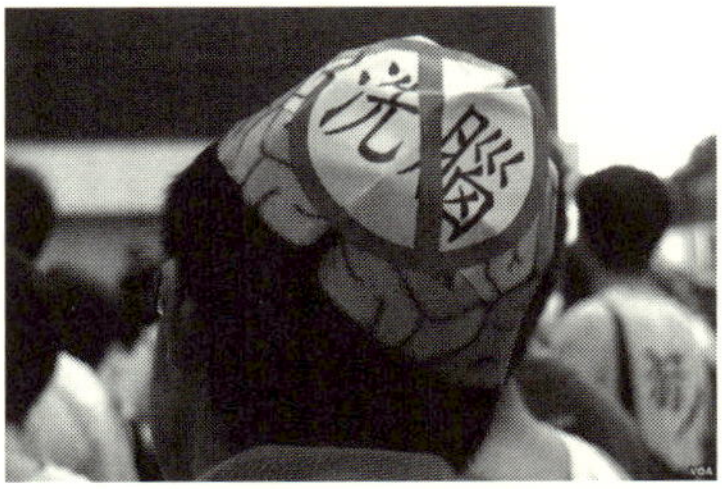

国民教育（愛国教育）に反対するデモ隊

金鐘にある政府総部で開かれた反国民教育集会に集まった市民が書いた心の声。
写　真：Leonspangkong（http://zh.wikipedia.org/wiki/File:HK_Admiralty_Tamar_Square_Ribbon_message_035_Orange_9-Sept-2012.JPG）

こうとは、誰も思わなかっただろう。

この成功要因の一つは、学民思潮らが香港市民の経済的生活に支障を与えることなく、直接、政府庁舎に対象を絞ったことにあると、遠藤は見る。

また、香港では1日限りの大規模デモ（2012年7月29日）やその他の単発的なデモには共鳴し同調して参加する人が多い。

2012年9月、勢いを得た学民思潮はさらに「反洗脳小冊子」（反洗脳パンフレット）を作成して、すべてのキャンパスに配布し、国民教育の完全撤廃を要求。その年の国慶節（10月1日）には梁振英長官の退任を要求した。

なお、雨傘革命では活躍した香港最大の学生団体「学聯」は、反国民教育デモでは、ほとんど顔を出していない。彼らの名前が出始めたのは、もう行政長官が降参の合図を出し終わったあとの、2012年9月11日のことである。

その理由を少しだけ見ておきたい。

学聯とは、1958年に創設された、大学生を中心とした組織で正式名称は「香港専上学生聯会」。「専上」とは「専門学校以上」という意味で、高校を卒業したあとに行く専門学校を含めた大学などを指す。今は「香港大学、香港科技大学、香港中文大学、香港城市大学、香港理工大学、香港浸会大学、嶺南大学、香港樹仁大学」の8大学が所属している。

学聯はイギリス統治時代に、祖国中国を愛する「愛国主義」を旨とする組織なので、「自分たちは中国人だ」という意識を強く持っている。だから1971年~72年の、アメリカによる沖縄返還の際に、釣魚島（尖閣諸島）が日本に返還されることに強く反発し、「香港保衛釣魚台行動委員会＝尖閣諸島を（中国の領土として）守る香港行動委員会」（香港保釣運動）を結成し、香港にある日本総領事館前で激しい反日運動を展開した。釣魚台は尖閣諸島の「中華民国」における呼称である。

きっかけは、1969年5月、国連アジア極東経済委員会（ECAFE）が尖閣諸島周辺の海底に石油天然ガス資源があると発表したことにある。同年11月、日米首脳は沖縄返還に関して共同宣言を発布。もちろん尖閣諸島は沖縄県から除外されていない。

ところがこの頃ちょうど、アメリカのニクソン政権が中国に接近し、「中国」という国家の代表として「中華人民共和国」が国連に加盟し、「中華民国」が国連から脱退するかもしれない危機にあった。それを不満とした在米台湾留学生が、ときの蒋介石総統に対する抗議運動を始めた。なぜなら1943年のカイロ密談において、アメリカのルーズベルト大統領が「日本を敗戦に追いやったら琉球（沖縄県）を中国にあげるよ」と言ったのに、蒋介石は二度も断っているからだ。蒋介石は、そんな「ちっぽけな島」をもらうより、日本を敗戦に追いやった後は、毛沢東が率いる中国共産党を倒して中国の覇者となることを目指していた。

しかし国共内戦に負けただけでなく、いまや国連まで追い出されようとしていることに対して、在米台湾留学生がいち早く抗議運動を始めたのである。

中華人民共和国はこのとき、なんと、押し黙っていた。なぜなら一票でも多く国連加盟のための賛成票を欲しいと思い、おとなしくしていたのだ（尖閣諸島の領土主権を中国が主張し始めたのは国連加盟の2カ月後である1971年12月30日である）。

中国大陸が沈黙していることに業を煮やしたのが香港の学生たちだ。

「中華民族の気概は、われわれこそが示してやる！」と立ち上がり、在米台湾留学生に呼応して「釣魚台は中国の領土だ！」と叫び始めたのである。

それでいながら、1989年に大陸で天安門事件が起きると、ほぼ全員が「反共」となる。「反中反共」のまま、領土問題に関しては「反日」を貫きながら、「われこそは中華民族なり」という、非常に「ねじれた民族主義（ナショナリズム）的感情」を持つようになっている。その典型が、第Ⅱ部で安冨が触れる長毛こと、梁国雄だ。彼は過激な民主派である社会民主連線（社民連）を設立し、強烈な反中反共でありながら、保釣運動を続けているのである。

尖閣諸島が日本の領土であることには、いかなる疑いの余地もない。国際法的にも歴史的にも領有権は日本にある。そのことに関して、あらゆる角度から分析し、遠藤は『チャイナ・ギャップ　噛み合わない日中の歯車』で詳述した。

香港の保釣運動は、ねじれた「愛国」とねじれた「民族主義」の、精一杯の発露であり、彼らの主張には論理的根拠を見い出すことはできない。ただ、尖閣諸島を中国大陸の呼称である「釣魚島」と言わずに台湾における呼称である「釣魚台」という言葉を使っているところに、香港保釣運動が、いかに「在米台湾留学生」の流れを受けているかが如実に表れており、一種の「民族の悲哀」さえ覚える。

そのため、香港では親中派も民主派も、議会で表面化した「反日」に関しては、つねに一致している。

これまで香港の立法会では、何度か「対日損害賠償要求」とか「歴史・教科書問題」あるいは「領土問題（尖閣諸島）」などに関して審議しているが、すべて満場一致で可決しているのだ。つまり議会では「対日意識」として、全員が「中国人」意識を共有しているのである。

たとえば「中華人民共和国　香港行政特別区立法会」の議事録のページにおいて「對日　領土主権」と入れて検索すると12万3９４件もヒットする。

習近平政権が絶対に対日強硬策を曲げない原因の一つは、実はここにある。「反日」に関しては、香港立法会は一致し、それは北京政府とも完全に一致するからだ。だから香港を大陸側に引き込むためにも、「対日強硬策」は絶対に変えない。

その香港が、中国という「国家」の枠組み内の話になると、突然に割れてくる。

特に天安門事件後からは、親中容共だった学聯や長毛ら民主派は、「反中」ではなくとも「反共」に突然、傾いていく。

これが香港市民の意識の複雑なところだ。

ところでこの学聯、「国民教育＝愛国教育」に関する抗議デモでは消極的だったのに、中国国内の問題に属する長官選挙に関しては、２０１３年10月30日から、オキュパイ・セントラル（占領中環）理論に関して、シンポジウムを開催している。

参加した大学は上述した学聯８大学のうち７大学だった。８大学のうち、どの大学が参加しなかったのかに関する内部情報は入手できていない。

３　チャイナ・マネーが買った選挙委員会と長官選挙

なぜ梁振英長官が２０１２年９月８日に国民教育実施に関して譲歩宣言（降参宣言？）をしたかということを考察するには、中高生を中心とした学民思潮の動き以外に、もう一つの政治的背景を知らなければならない。

親中派の梁振英が長官に就任したのは２０１２年７月１日だが、実は香港政府の立法会（中国中央から見れば地方議会に相当）の議員選挙が同年９月９日に行われることになっていた。

２０１０年６月、立法会は行政長官の選挙に関する選挙委員会の人数を８００人から１２００人に増やし、立法会の議席数を、それまでの60議席から70議席に増やすことを決議。全人代の承認を得て、２０１２年３月25日の選挙委員会における長官選挙では、梁振英は６８９票と、わずか89票の差で過半数当選をしている。そのため「６８９」という蔑称で呼ばれている。

おまけに選挙委員会委員は、２０１１年12月11日に行われた改選で、なんと親中派が１２００名中、約1000名を占めるという驚くべき結果を示している。委員は第I部第2章（56頁）で示したように、四つの職能の中の各業界団体から選ばれるので、当然、ビジネスに関して中国とより緊密な関係を持った者が当選する。親中派委員は、いずれ劣らぬ大富豪。

選挙委員会そのものが「チャイナ・マネー」に買われてしまっていた！

それなのに梁振英が「689」になってしまったのは、親中派が割れて、もう一人の親中派・唐英年と戦うことになってしまったからだ。

長官選挙の対立候補となった唐英年は元自由党（親中派）の党員で、香港のビジネス界に人気があり、彼が当選するだろうと誰もが思っていた。ところが唐氏は2011年12月8日にネットユーザーとの座談会で、「言論の自由は香港の核心的価値観だ」と何度も言ってしまったのである。

おまけにネットユーザーからの「もしあなたが長官に当選したら、任期内に基本法23条に関して、再び提起しますか？」と聞かれると、「基本法23条は香港の憲制の問題だから、社会のコンセンサス（大多数の一致した意見）を得なければならない。社会のコンセンサスを得るのはなまやさしいことではない」と答えたのだ。

これはインターネットという自由な言論空間を愛しているであろう若者たちへのリップサービスだったのかもしれない。

ところがこれが中国中央の神経を激しく逆《さか》なでした。

なぜなら、ときの国家主席・胡錦濤は、まさにネット言論を弾圧し、高まるネットパワーを強烈に警戒していた人物だったからだ（詳細は『ネット大国中国――言論をめぐる攻防』2011年、岩波新書）。

胡錦濤は当時国務委員だった劉延東《りゅうえんとう》（習近平政権では国務院副総理、女性）を直ちに深圳に派遣し、香港の選挙委員会委員のうち、必ずしも梁振英に投票するとは限らないビジネス界の委員を一人一人深圳に呼び出して「絶対に唐英年には投票するな！」と言って聞かせた。そうでないと、今後は中国とのビジネスがうまくいかなくなるだろうという「脅し」にも似た行動である。

劉延東は、いろいろな顔を持っていて、（江沢民や胡錦濤など）相手によって「顔」を使い分けることで有名なため、「八面観音」というあだ名がついているが、このときはさしずめ「ヤクザの女頭領」とでもいったところか。

中国中央はそれだけでは足りずに、香港にある中聯弁《ちゅうれんべん》（中央人民政府駐香港特別行政区聯絡弁公室）のスタッフを使って、すべての親中派選挙委員会委員を説得して回った。

こうして梁振英はようやく行政長官に当選したのだが、なにしろ親中派選挙委員の中でさえ「689」。香港市民の中での人気のなさは言うまでもない。

行政長官に就任した2012年7月1日（香港返還記念日）には、40万人デモが行われ、「国民教育反対」とともに、就任したその日に「梁振英、辞任しろ！」という怒号が飛んだ。

この日、国家主席だった胡錦濤が香港返還記念式典で挨拶するために香港を訪れていたが、40万人デモに迎えられて、警備は空前の規模であったという。

胡錦濤がこのとき何を思い、いかなる危機感を香港に対して抱いたか、それは後述する第十八回党大会（2012年11月8日）におけるスピーチに如実に表れている。

そんな中での立法会議員選挙が、2012年9月9日に控えていたのである。

立法会の議員数は70人。法案は議員の3分の1の賛成を得られなければ可決しない。つまり親中派である梁振英長官にとっては、親政府派（＝親中派）が24名当選しないと、中国中央の意向通りに議会を動かしていくことができないのだ。

だから親中派が惨敗し、議会運営ができなくなることを恐れた梁振英は、9月8日に「2015年からの国民教育義務化実行」を引き下げたのだった。

その効果はテキメン。選挙結果は意外なものだった。国民教育反対運動により、よほど民主党派に有利に働くかと思われたが、70議席のうち親中派（＝親政府派）が43議席、民主党派が27議席という結果となる。民主党派はぎりぎり24議席以上は確保したものの惨敗した。

その原因は社民連（党員数160名）の党首である長毛（梁国雄）が、汎民主党派の同盟関係から脱退し、さらに社民連の党幹部が社民連から脱退して別の党（人民力量）を結成するなど、内部分裂したことにある。また第Ⅱ部第7章で安冨が書いた取材にあるように、長毛の立法会議会におけるたび重なる常識的でない行動などにより議員資格はく奪の動議が出されたり、逮捕投獄されたりしたため、親中派がそれを利用して最大野党であった民主党に近づき、汎民主党派分裂に加担したことも、理由の一つとして挙げられる。そのため民主党派は過激的な長毛の行動を嫌い、袂《たもと》を分かとうとした。特に天安門事件を受けて基本法起草委員会を辞退した司徒華が、長毛の過激な行動を見て、これでは香港の民主が何を主張しているかがわからなくなるので民主党派から出ていってくれと、かつて絶縁状を出したことは有名だ。

表3　立法会議員党派と人数（2012年9月9日選挙結果）

汎民主党派	議員数	無所属	親中党派	議員数
公民党	6		民建聯	13
民主党	6		工聯会	6
工党	4		自由党	5
人民力量	2		経済動力	3
社民連	1		新民党	2
街工	1		公専聯	2
民協	1		西九新動力	1
新民聯	1		労聯	1
			新論壇	1
	5 ←	独立人士（14人）	→	9
小計	27	独立人士	小計	43

しかし、時すでに遅く、選挙委員会だけでなく、立法会議員においても、親中派が優位を占めるようになってしまった。この大敗は、香港の「民主性」に対して誠に大きな打撃を与えている。中共に抗議して民主を主張する長毛が、自ら香港の民主を破壊していったと言っても過言ではない。

実はこれが雨傘革命の失敗をもたらした原因の一つになっているので、立法会議員数を表3「立法会議員党派と人数」にまとめる。民主党は最大時の19議席から6議席に転落。長毛が主席を務める社民連は、たった1議席しか獲得していない。挽回しなければ議会における否決権を失う。だから後に述べるようにオキュパイ・セントラル派合流によって離反する学生が続出したときに長毛はひざまずいて学生たちに離反しないよう懇願した。しかし学生たちは政党のためにデモを利用されるのを嫌った。

同じころ、中国大陸では第十八回党大会が開催されようとしていた。

胡錦濤政権が終わり、習近平政権へとバトンタッチされる。

その党大会における、中国共産党中央委員会（中共中央）総書記としての最後の演説で、胡錦濤は2012年11月8日、まるで「香港独立」を牽制するかのような発言をしたのである。少し長いが、これが香港の若者を雨傘革命へ導いた要因の一つでもあるので、辛抱していただきたい（傍線と囲みは遠藤による）。

中央政府は厳格に基本法に則ってことを行い、基本法を実施する際の関係制度とメカニズム（構造）をより完全なものに持っていき、特別行政区の長官と政府が法に則って施政することを断固、支持する。そして香港とマカオの各界人士が集中的に経済発展に励み、民生を効果的に改善し、順を追って一歩ずつ（ゆっくり）民主を推進させ、度量を大きくして和諧（胡錦濤政権のスローガンで、調和のとれた社会の意味：遠藤注）と歩調を合わすことを（中央政府は）指揮していく。また内地と香港およびマカオの経済貿易関係を深化させ、各領域における交流協力を推進し、香港の同胞とマカオの同胞が「愛国愛港」「愛国愛澳」の旗の下に大団結することを推進し、**外部勢力**が香港とマカオの事がらに関して干渉するのを（中央政府は）防衛し抑え込む。（中略。次に台湾問題に触れ「一つの中国」論の中で）

われわれは「台独（台湾独立）」分裂画策に断固として反対する。

中国人民は、いかなる者が、あるいはいかなる勢力が、いかなる方法で台湾を祖国から切り離そうとしても、絶対に断固許さない！

「台独」という分裂行動は、両岸同胞の共同利益を損ね、必ず徹底した失敗への道を歩むことになるだろう。

5年に1回開催される党大会における総書記の演説で、ここまで激しい香港に関する演説は、前代未聞だ。中国建国以来、初めてと言っていいだろう。

これは香港においてもテレビ中継され、あらゆるメディアを通して報道されたので、香港市民に与えた衝撃は計り知れなかった。

胡錦濤が言った「**外部勢力**」とは何を指しているのか。

その人の名は――李柱銘《りちゅうめい》。

第I部第2章で列挙した香港基本法起草委員会の一人だったが、天安門事件を批判したため中共中央により解任された人物だ。

問題は、オキュパイ・セントラル運動の中心的発起人である戴耀廷が、この李柱銘の弟子であることである。そしてこの李柱銘はアメリカの「全米民主主義基金」（National Endowment for Democracy：NED）と関わっていた。

序章でも述べたが、2014年10月にその顔と肉声を確認することができる動画がスクープされた。

2014年の香港雨傘革命を正確に分析するには、この李柱銘に焦点を当てて考察しなければならない。そこにはイギリスに植民地化されていたという歴史を背負う香港の悲哀が滲み出ている。

◀李柱銘。写真：laihiu
(http://www.flickr.com/photos/laihiu/3592198871/in/set-72157619116813931/)

▶米下院ペロシー議長と李柱銘（2009年）。1992年の香港政策法以来、香港の民主党と米議会は関係をもっている。
写真：Speaker Pelosi
(http://www.flickr.com/photos/11461909@N06/3577834760)

4　用意されていたオキュパイ論

まず、李柱銘とはいかなる人物かを見てみよう。

1938年生まれの彼はMartin Lee Chu-mingという英語名（通称：マーチン・リー）を持ち、イギリス統治下の香港で1985年から1997まで香港立法局非オフィシャル議員として活躍し、98年から2008年まで、中国に返還された香港特別行政区の立法会で議員を務めている。94年に民主党を創設し、2002年まで民主党主席だった。

香港大学で文学士の学位を取り、イギリスのロンドンにあるリンカーン法律学院（Lincoln's Inn）で法律を学んで弁護士になる。熱心なカトリック教の信者だ。

基本法起草委員会を解任させてれからの李柱銘は、ひたすら民主と自由のために闘い、「香港民主の父」という呼び名もある。一方では「漢奸《ハンジェン》」（売国奴）と罵られ、今では中国大陸への入境も許されていない。それは李柱銘があまりにアメリカのワシントンで「香港を中国から守ってくれ」と言い続けているからだ。欧米のメディアに対する発言も多い。

その言動は長いので、ダラダラと文章で書かずに年表化してみる。

NEDが、今般のオキュパイ・セントラル運動と関係しているか否かを客観的事実から確認しなければならない。そのために作成したのが表4だ。

表4　李柱銘の言動とNEDの関係

1989年6月23日	6月4日の天安門事件を受けて訪米し、アメリカ上院の人権委員会公聴会で、「イギリスは550万人の香港人を中国に渡そうとしている。ちょうど第二次世界大戦のときに550万人のユダヤ人をナチスドイツに渡したように」「各国は中国に貿易制裁を与えるべきだ」「貿易制裁は中国の恐怖政治を覆すか、少なくとも現行の政策を改変することができるかもしれない」と言った。
1989年7月5日	6月4日の天安門事件を受けて「われわれは何も中英共同声明を神聖化する必要はない。1984年の声明よりも、もっと良いものを作成することができる」と発言（サッチャーが声明発表後、「人生最大の政治的過ちは、あの英中共同声明だった」と言ったことも影響している）。
1990年6月6日	アメリカ下院外交関係委員会に「アメリカは香港人の政治的な願いに関して迅速に特定の政策を打たねばならない」という上申書を提出。
1993年11月25日から2週間	アメリカとカナダを遊説し、「アメリカ議会が議決した香港政策法（香港関係法とも。1992年米議会で採択された。定期的に米国務長官が香港の状況を米議会に報告する法案）はすばらしい。香港を独立した政治実体とみなしてくれているから」と述べた。
1994年10月26日	ニューヨークタイムズに「アメリカは民主の大国として、イギリスは香港の宗主国として、北京政府の圧政と人権蹂躙に対して立ち上がって欲しい。イギリス植民地としての最後のパッテン香港総督のように」と語ったことが掲載された（1992年～97年まで、最後の香港総督だったクリストファー・パッテンは香港政治の民主化を加速させた：遠藤注）。

1996年4月17日	ワシントンで「アメリカが香港問題を国際化し、国際社会がそれに呼応して中国に圧力をかけ、香港が中国返還後に、本当に高度の自治を保てるように保障してほしい」「香港は将来にわたって本当に一国二制度を保ち続けるだろうか」と語った。
1996年4月26日	国連本部で記者会見を行い、「中英両国とも中英共同声明に違反した。それにより香港は本当の高度の自治を得る機会を失った。将来、必ず香港特別区の長官が誰になるかということが、国際的な問題となっていくだろう」と語った。（この予言は当たっている：遠藤注）
1997年7月から2006年8月まで	エール大学の国際関係名誉博士を授与され、スタンフォード大学政治学客員教授としてアメリカで活躍。
1997年	**全米民主主義基金（NED）の民主賞を受賞。**
2005年11月29日	アメリカのライス国務長官と会い、「香港にもし民主がなかったら、中国の一国二制度は台湾で歓迎されることは決してない」と語る（この予言も当たっている：遠藤注）
2006年12月	民主党内に中共に買収されている党員（スパイ）がいることに関して調査。民主党の信用失墜を招いた。
2007年10月17日	ワシントンで**全米民主主義基金（NED）**が開催した北京オリンピックをテーマとする午餐会に出席しスピーチ。北京オリンピックを国際社会が民主の目により北京を牽制するチャンスとすべきとした。

このように李柱銘の周りにはつねにアメリカの影があり、特にＮＥＤとの関係が注目される。それを決定づけたのは２０１４年10月５日に、ランド・デストロイヤーというウェブサイトのトニー・カルタルッチ（Tony Cartalucci）が公表した動画だ。ＵＲＬの「http://landdestroyer.blogspot.jp/2014/10/entire-occupy-central-protest-scripted.html」をご覧いただくと、英語ではあるが、明らかに李柱銘がアンソン・チャン（Anson Chan）こと陳方安生（香港政府の元政務司司長、女性）とともに、ＮＥＤの地域副理事長であるルイサ・グレーブ（Louisa Greve）とともに、1時間にわたるトークをしているのを観ることができる。

記事のタイトルは、Entire"Occupy Central"Protest Scripted in Washington（オキュパイ・セントラル抗議運動は、完全にワシントンで脚本されていた）で、動画のトークのタイトルは Why Democracy in Hong Kong Matters（なぜ香港の民主主義が重要なのか?）。その動画自身のＵＲＬは https://www.youtube.com/watch?feature=player_embedded&v=Xfr481R8ZnU である。

たいがいの情報は、どうせ北京がでっちあげたニセ記事だろうとか、写真であったとしても合成したのだろうと疑うことができるが、ここにはまぎれもない李柱銘の顔と肉声、そしてアンソン・チャンの顔と美しいイギリス訛りの英語を確

トークショーの一場面。左が李柱銘、中央がアンソン・チャン、右がルイサ・グレーブ。

認することができるのである。

香港側の二人はNEDに、オキュパイ・セントラル運動の性格、狙いや要求などを説明している。

また李柱銘は、「中国本土を、香港にもともとあった欧米スタイルの機構や法律あるいは権益で染めることが香港の役割だ」と強調している。

香港側の二人は、「中国が香港をどのように統治していくかに関して、中国は世界の目を気にしているので、いまオキュパイ・セントラル運動を展開することは、北京から譲歩を引き出すチャンスになる」という趣旨のことも述べている。

これほど決定的な映像はまたとないほど、大きな衝撃を与える。

もう、問答無用だろう。

中国中央はよくスパイを使って「やらせ」をやり、金で買った「敵」に「中国に有利な真実」を吐かせるという手法を取るので用心しなければならないが、しかし、「肉声と映像」は、否定のしようがない。

ただ、香港を民主主義の最後の砦として、ここを拠点に何とか中国の民主化を遂げたいという李柱銘の自由と民主への飽くなき希求は理解できる。

しかし、国民教育（＝愛国教育）の強制に関して、わずか15歳の黄之鋒のように自分の感覚と、どうしてもいられない思いから立ち上がった若者と違い、昔はイギリスに統治され、今度はアメリカに応援を求めるという李柱銘の姿勢には違和感を覚える。

実はそこには、香港の悲哀とともに米中の利害と暗黙の闘いが横たわっていた。

なぜアメリカが1992年に「香港政策法＝香港関係法」を制定したのか？

それは天安門事件と関係する。周知のように天安門事件が起きると、西側諸国は一致団結して中国への経済制裁を発動。主導したのはアメリカだ。窮地に陥った中国は、広東や香港あるいはシンガポールなどにいる華人華僑に応援を頼んだ。

1978年12月から改革開放を始めたとき、現在の習近平国家主席の父親・習仲勛《しゅうちゅうくん》は広東省の書記（トップ）として、広東に香港モデルを導入した「経済特区」設立を思いつき、鄧小平に進言している（詳細は『チャイナ・セブン〈紅い皇帝〉習近平』の59頁）。その後、広東省には香港の商人が「華人華僑」として大量に入り込み、西側諸国の投資とは異なるルートで投資していた。

だから、鄧小平は天安門事件を受けて失速した中国経済と改革開放路線を回復させるために、1992年2月、広東省にある経済特区などを訪れて檄《げき》を飛ばしたのである。これを「南巡講話」と称するが、このときから中国は市場経済めがけて突進するようになる。

鄧小平に頭を下げられ「手を貸してくれ」と頼まれた香港を中心とした華人華僑の一部（特に富裕層）は、「中華民族」の気概を刺激されて、大陸の経済を応援した。

それを見たアメリカは、急遽、香港をアメリカ側につけておこうと「香港政策法」を制定するのである。だからこそ「1992年」に制定したのだ。台湾関係法とともに、アメリカが東アジアの拠点として、アメリカの権益を守るための拠点としたかったのだろう。

香港の民主党の党首、李柱銘がアメリカに深く食い込んだのは、最初はアメリカ側の都合だった。

ところが2007年になると、アメリカ議会は「返還10周年」が区切りであるとして、この香港政策法にピリオドを打ってしまう。なぜならアメリカ経済はリーマンショックを目前にして失速し、中国経済は激しく勢いを増して成長し（2010年に日本を凌駕）、アメリカ国債の世界一の買い手となっていたからである。その中国と正面から敵対することは賢明な選択ではない。

そのことに危機感を感じた李柱銘は、香港政策法を復活させてくれと、アメリカに頼み続けていたのである。

2014年4月2日、NEDとトークショーを開いた背後には、このような巨大な規模の経緯があったのだ。

トークショウを開く前に、李柱銘はアンソン・チャンとともにアメリカ下院の外交委員会を訪問し、米議会と行政当局の中国委員会が開催した円卓会議に出席。その後、ナンシー・ペロシ元下院議長とも会っている。そのあらゆる場面で李柱銘は「北京が香港に認めた民主は、2007年に実現されるはずだったが、それが2017年に延期された。おまけに北京が言うところの『民主』は、国際社会における民主という概念と異なる」と演説している。

この傍線部分の李柱銘の認識は正しい。それが「一国二制度」であり、「基本法」であることに、なぜ行きつかないのだろうか。ここまで認識しているのなら、なぜあと一歩の論理構築をせずに、闘いに挑んだのか、ここには疑問が残る。

いずれにしても、李柱銘のこういった言動は、もちろん逐一、「北京」に掌握されていた。

外国といかなる関係も持たず、自らの思いだけで権力に歯向かっていった若者が闘いに成功し、オキュパイ派の指導に巻き込まれた瞬間、市民の共鳴も得られず、中国中央にも香港政府にも弾圧の正当性を与えてしまって、押し潰されてしまった原因の一つは、ここにある。

オキュパイ論の根っこは、次に述べるオキュパイ・ウォールストリートをはるかに超えて、1992年から延々と続いていたアメリカと香港の関係にあった。

かてて加えて香港のオキュパイ・セントラルという理論武装を組み立てたのは、なんと言ってもこの李柱銘の秘書をしていた戴耀廷なのだ。

李柱銘と戴耀廷は、香港大学の先輩後輩の関係にあるだけでなく、戴耀廷は、民主党党首・李柱銘の秘書室における法案関係の秘書だった。二人はもちろん、非常に緊密な関係を保っている。

その大先輩の李柱銘が、NEDでオキュパイ・セントラルという戦法に関して堂々と述べている事実は、「戴耀廷はNEDの支援を受けている」という噂を打ち消すには、あまりに無理があるということになりはしないか――。

戴耀廷（1964年7月12日生まれ）はベニー・タイ（Benny Dai Yao Ting）という英語名を持っており、現在は香港大学法律学系の准教授である。かつて香港大学で法律を学んだあと、李柱銘が創設した民主党主席本部で働き始めた。

2011年、「オキュパイトゥギャザー」の一場面。
© 2012 Occupy Victoria People's Assembly of Victoria

くり返すが、李柱銘が基本法起草委員会の香港側委員を務めていたとき、戴耀廷は、基本法諮問委員会に二人だけいた学生代表の中の一人であった。

一方、2011年9月17日、アメリカ、ニューヨーク市マンハッタン区にある金融街ウォールストリートで「オキュパイ・ウォールストリート（Occupy Wall Street）」（金融街を占拠せよ）という抗議運動が起きた。

2008年9月にアメリカで起きたリーマン・ショックが発生して以来、アメリカだけでなく世界中が不景気に喘《あえ》いでいたが、特にアメリカの高卒や大卒生の4割が就職できず、それでいながら金持ちはもっと金持ちになって、国民の税金の多くは銀行救済に流れたことに対する不満が背景にある。

富裕層は国民の1％なのに、貧困にあえいでいる残り99％には救済措置が取られず、超富裕層を支えている銀行にだけ救済措置が取られた。

だからデモに参加した若者たちは「We are the 99%」と叫びながら、金融界の象徴といえるウォール街でのデモ行進やニューヨーク証券取引所前での座り込みなどを行い、ウォール街を占拠した。

これに呼応して、世界各地でもデモが起きたが、香港でも2011年10月、「一起占領（一緒に占領しよう）」（オキュパイ・トゥギャザー）運動が起き、香港市中環匯豊総行ビルの地下広場を拠点として占拠活動が行われた。そこで寝泊まりする者も現れたが、翌2012年6月に環匯豊総行側が営業に差し支えるとして撤去を求めた。しかしなかなか動かないので提訴し、高等裁判所が8月27日に禁制令を出したので、ようやく若者はその場を去った。約10カ月にわたる占拠が可能だったのは、そこが私有地だったからだろう。警察の鎮圧はなく、司法的手段に訴えるにとどまっている。

このときはまだ自主的な行動で、日本でも六本木や日比谷でOccupy Tokyo（東京を占拠せよ）をスローガンに小規模ながらオキュパイ・トゥギャザー運動が起きたことがある。

こういった自発的な動きと、2014年秋の香港デモにおけるオキュパイ論には違いがあり、論理武装した戴耀廷らは、「法を犯す行動を取るのだから、抗議運動が終わったら自ら自首して法の裁きを受ける」という論理を構築している。

また民主党派の相乗りで、民主党派惨敗を挽回しようとするもくろみも混ざり、若者たちの純粋な思いを傷つけ、巨大なエネルギーを消耗させたのではないか——。

オキュパイ・セントラル信念書

2013年1月16日、戴耀廷は「香港市民がさらに一歩進んだ行動を取らない限り、普通選挙の目標は達成できなくなるだろう。だから占領中環（オキュパイ・セントラル）行動を発動させることを、ここに提起する」として「信念書」なるものを「信報」（信報財経新聞）のウェブサイトで発表した。タイトルは「公民抗命は最大なる殺傷力を持った武器」。「公民抗命」は直接的には「公民が命令を拒絶する」という意味だが、第Ⅱ部で深尾や安冨らは「公民が避けがたい運命に抗《あらが》う」と解釈している。

戴耀廷は、この信念書の中で「香港市民と民間のリーダーが非暴力的な公民抗命形式により香港人が自決する（自分の意思で決める）権利を表明していこう」と呼びかけている。

信念書はさらに「これまでの香港人が行ってきたデモとか苦行、あるいは五区公投（一部の民主党派の総辞職による国民投票の呼びかけ）、政府総部の占拠、絶食などの抗議形式は、いずれも効果を持たず、北京政府に圧力をかけることはできなかった。したがって占領中環（オキュパイ・セントラル）という行動を発起することを提議する」と続く。信念書で戴耀廷は「長期的に中環の要路を占領し、香港の政治経済センターを麻痺させることによって、北京に立場を変えさせよう」とも呼びかけている。

オキュパイ・セントラル運動の、その後の主たる動きを書くと次のようになる。

●2013年3月27日：占中（占領中環）三子と呼ばれている戴耀廷、陳健民（香港中文大学准教授）およびキリスト教牧師・朱耀明の3人が「愛と平和による占領中環」という信念書を掲げてオキュパイ運動の宣言を行う。

●4月26日：オキュパイ・セントラル運動の事務所創設。

●6月9日：オキュパイ・セントラル運動の第1回シンポジウムを香港大学で開催。参加者は700名。全民運動へと持っていこうという意思確認がなされた。このとき学聯も参加している。

こういった動きの中、香港政府は2013年12月4日、政治体制改革に関する諮問文書を発布した。内容は「2017年の行政長官選挙に関する選挙方法に関して」だ。2016年の立法会議員の選出方法に関しても書いてあるが、話が複雑になるので、ここでは長官選挙に限定して触れる。諮問期間は5カ月間。諮問文書には「指名（原語：提名）委員会」という単語も出てくる。

香港あるいは中国中央では、この「普通選挙をどうするか」というテー

占中（占領中環）三子。左からキリスト教牧師・朱耀明、戴耀廷、陳健民（香港中文大学准教授）。

マを「政治体制改革」と称している。香港の中国返還以来、ずっとこの問題が絶えず湧き出してくるのは、第Ⅰ部第2章の3で触れた基本法第45条があるからだ。もう一度おさらいすると、そこには

「行政長官の選出方法は、香港特別行政区の実情および順を追って漸進するという原則に基づいて規定し、最終目標は広範な代表性を持つ指名委員会が民主的手続きを踏んで指名してのち、普通選挙で選出することとする」

という条文がある（傍線：遠藤）。

「広範な代表性を持つ指名委員会」という文言があり「普通選挙」などという魅惑的な言葉があれば、誰だって「うわっ、民主的な普通選挙の時代が訪れるのだ」と期待（誤解？）してしまう。

しかし中国大陸には中国中央が喜んで使う常套用語「国情」という、便利なものがある。中国中央にとって、この「国情」とは、「中国共産党一党支配維持のための装置&からくり」であることを理解しなければならない。

その「国情」によれば、「普通選挙」とは、これもくり返しになるが、「候補者を中国共産党が管轄する選挙管理委員会で〝調整〟して絞ったのち、すべての選挙権を持つ公民が一人一票の投票をする〝普通選挙〟を指す」のである。

このことを理解していない香港市民は、西側の普遍的価値観に基づく「民主的な真の普通選挙」を期待して、「政治体制改革」を要求し続けてきた。いや、もしかしたら理解していて、あえてその言

葉尻をとらえて反抗しているのかもしれない。
2013年12月4日に香港市民に提示した諮問文書は、5カ月後の2014年5月に回収されて集計され始めていたが、解答は最初から準備されていたようなものだ。

白書『「一国二制度」の香港特別行政区における実践』

その報告書が全人代常務委員会に提出される前の2014年6月10日、中華人民共和国国務院報道弁公室は『「一国二制度」の香港特別行政区における実践』という白書（以下、白書と略記）を出版した。白書は以下のような構成になっている。

前書き
一、香港の円満な祖国復帰の過程
二、特別行政区制度の香港での確立
三、香港特別行政区の各事業は全面的な進歩を遂げた
四、中央政府は香港特別行政区の繁栄と発展を全力でバックアップする
五、「一国二制度」の方針・政策を全面的かつ正確に理解すること
結びの言葉
付録

行政長官の選挙に関しては、「二、特別行政区制度の香港での確立」の「(一) 中央は法に基づいて統治権を直接行使する」という項目で、まず以下のように書いている（傍線は遠藤）。

憲法と香港基本法の規定によれば、中央が香港特別行政区に対して直接行使する統治権の権力主体には全国人民代表大会および同常務委員会、国家主席、中央人民政府、中央軍事委員会が含まれる。全国人民代表大会は香港特別行政区の設置を決定し、香港基本法を制定し、これによって香港特別行政区で実行する制度を定め、さらに基本法の改正権を有する。全国人民代表大会常務委員会は香港基本法の解釈権、香港特別行政区行政長官の選出方法および立法会の選出方法改正の決定権、香港特別行政区の立法機関が制定した法律に対する監督権、香港特別行政区が緊急事態に入る場合の決定権、ならびに香港特別行政区に対し新たな授権を行う権利を有する。

つまり、行政長官の選挙方法を決定するに当たり、基本法に書いてある「改正権」と「解釈権」を全人代常務委員会は行使するということである。そして、香港を管轄する「統治権の権力主体」は中国中央にあることを明記している。

さらに「五、一国二制度の方針・政策を全面的かつ正確に理解すること」の「(三) 愛国者を主体とする、香港人による香港の管理を堅持する」の項目には、以下の文言がある。

●愛国者を主体とする香港人によって、香港を管理しなければならない。
●愛国は香港の管理者主体に対する基本的な政治的要求なのである。

ここに中国中央の「からくり」と「長期戦略」のすべてが込められている。

実は、1984年12月19日に発表された中英共同声明にも、また1990年4月4日に公布された「香港特別行政区基本法」（中華人民共和国主席令　第二六号）にも、「愛国」という言葉はない。

2014年6月に出版された白書に、初めて出てくる。

1984年から30年間、中国政府はじっと辛抱強くこらえて、この日が来るのを待っていた。すなわち、初めて「愛国」という言葉を香港関係の「公式文書」に盛り込むことを待っていたのだ。

この準備のために胡錦濤前国家主席は、2006年10月8日に北京で開催された第十六回中国共産党大会六中全会（第6次中央委員会全体会議）で、香港・マカオに関して「愛国統一戦線」を実施しなければならないと演説し、2007年7月1日の香港中国返還10周年記念大会に臨んだ。前節で触れたように、6月30日に香港入りした胡錦濤は「国民教育」に触れ、「愛国愛港」という言葉を用いて「愛国教育」を示唆している。

この「愛国愛港」という言葉、実は鄧小平が1984年6月22日と23日に、香港工商界の北京訪問団および香港政界の著名な鐘士元氏との会談の中で、「港人治港」にふれたときに使った言葉である。

その概念に基づき、胡錦濤は2006年の第十六回党大会六中全会で次のような主旨の言葉を述べている。

一国二制度、港人治港、澳人治澳および高度の自治という方針を堅持し、厳密に特別行政区基本法に基づいて事を行い、「愛国愛港」と「愛国愛澳」の旗の下、香港とマカオの各界の名士が団結して、香港とマカオの長期的かつ安定的繁栄を維持していかなければならない。

こうして愛国教育（国民教育）を香港で広めようとしたのだが、それは失敗した。そこで出してきたのが、この白書である。香港市民の「愛国」を達成できないのなら、行政長官が「愛国」でなければ当選できないようにしようというもくろみである。白書の同項目には

香港社会の一部の人たちはまだこの重要な歴史的転換に適応できず、特に「一国二制度」の方針・政策と基本法に対してあいまいな認識や一面的な理解しかもっていない。現在、香港で見られる経済社会や政治制度発展の問題におけるいくつかの正しくない観点は、みなそれと関係がある。（傍線：遠藤）

とした上で、「一国二制度」に関して中国中央が絶対的権限を持っていることを謳っている。

残念ながら、香港市民が基本法に関してあいまいな認識しか持っていないのは否めない。中英共同声明で謳った「一国二制度を50年間保つ」という事実に関してさえ、基本法には全人代常務委員会の解釈権と改正権が明記してあるのだから、「返還された1997年の50年後である2047年7月1

日に突然、完全な大陸化」が来るのか、それとも「50年間かけて、全人代常務委員会が改正権と解釈権を行使して、徐々に大陸化に持っていくか」のどちらかしかないのである。

「50年後突然型」を選ぶときのメリットは、「その間に中国共産党による大陸の一党支配体制が崩壊しているかもしれない」という事態が生じた場合である。これは可能性がないわけではない。おそらく習近平政権の次の政権（胡春華政権になると思うが）、その半ばあたりで一党支配体制は崩壊すると遠藤は見ている。それは2027年～2032年あたりだ。

ここまで引き延ばせば、民主と自由を謳歌したまま、「おわり」を見ることができる可能性はある。

「50年後突然型」のデメリットは、共産党一党支配体制が2047年にもまだ続いていたときに、ある日突然、言論の自由が奪われ、「共産党万歳！」と叫ばなければならない世界に突入するというカルチャー・ショックを受けることである。適応できない可能性があるだろう。

「50年間かけて徐々に変化する漸進《ぜんしん》型」のメリットは、このショックを和らげてくれることだが、デメリットは、おそらく香港市民には受け入れがたいものだということだ。これまでがそうであったように、50年間つねに闘い続け、抗議運動で疲弊し、香港経済を衰退させていく危険性をはらんでいる。

この運命は、金髪を雄々しくなびかせていたはずの「鉄の女」サッチャーが、鄧小平との会談を終えたあと、人民大会堂の石段で転び地面にひれ伏した瞬間に決まってしまったのである。それはアヘン戦争における惨敗で、香港が突如、イギリスの植民地になったときと同じくらいにドラスティックな、そして逃れることのできない悲運の始まりだった。

ちなみに、サッチャーは「私の政治生命の中で最大の失敗は中英共同声明にサインしたことである」と後悔しているが、そばには薄熙来にへつらい、その息子・薄瓜瓜の後見人をしていたパウウェル卿がピッタリついていたことを忘れてはならない。彼のアドバイスに耳を貸した「鉄の女」が悪い。香港市民は、基本法に何が書いてあるかを、もっと正確に掌握しなければならない。これは白書に書いてある通りである。

そして中国中央は、「漸進型」を選んだ。

なぜなら、いつ中国共産党の一党支配が崩壊するかわからないと思っているのは、ほかならぬ中共中央自身だからである。そのため李柱銘が何度もワシントンで発している「大陸を（植民地当時のパッテン総統のような）西欧型の香港民主スタイルに染めていかなければならない」という危機が、目の前に来ていることを知っているからだ。

したがって行政長官の選挙に関しては、白書はもっと狭めた規定を示してきた。すなわち、

中央政府は香港特別行政区が基本法の定めに従い順を追って漸進的に香港の実情に適《かな》う民主政治制度を発展させることを引き続き支持している。行政長官は最終的には広範な代表性をもつ指名委員会により民主的手続を踏んで指名されたのちに普通選挙で選出されるようになり、立法会は最終的には全議員が普通選挙によって選出されるようになる。

これは中央政府による厳粛な約束であり、かつ香港基本法の規定と全国人民代表大会常務委員会の関連決定の中に体現されている。

と、「国情」に基づく「普通選挙」と「指名委員会」を明示したのである。いよいよ大陸型になるという証しだ。

2007年12月29日に開催された全人代常務委員会は「2017年から香港特別区行政長官選挙では普通選挙による選出方法を認める」と発表していた。

これを聞いた香港市民は大喜びし、その日が来るのを楽しみにしていた。

しかし普通選挙は実施するが、候補者は「国を愛する者」でなければならないという。

何度も書いてきたが、「国を愛する」とは「中国共産党を愛する」ことである。

これが中国大陸における実態であり、中華人民共和国憲法が規定する枠組みだ。

この理解なしに「一国二制度」を受け入れたわけではあるまい。

弁護士であり議員でもあった李柱銘、そして法律学者である戴耀廷らは、このことを理解せずに基本法起草委員会に入り、基本法諮問委員会の委員になっていたのだろうか。

いずれにせよ、若者たちをはじめとする香港市民は、この白書の発刊に衝撃を受けた。

白書が発刊された翌日の6月11日、学聯、学民思潮などの若者たちおよび社民聯、人民力量、新民主同盟、保衛香港自由聯盟……といった民主党派関係者が午前11時に中聯弁の前に集まり抗議デモを行った。中聯弁ビルの前で、白書を燃やし激しい抗議を表明している。

しかし、中国中央が見計らったタイミングは絶妙なものだった。

実は白書が公布される1日前の6月9日、長毛は2011年の立法会における騒乱事件で、「今頃になって」4週間の拘留が決まり、拘置所にいた。

また6月22日から李柱銘らオキュパイ派がネットなどを利用し、国民投票を行うと宣言していた。その前に白書を公表し、長毛が騒がないように牢屋に閉じ込めておけという、中国中央と香港政府の連係プレーである。「みごと」ではないか――。

この国民投票の呼びかけ自体は6月に入ってすぐに行われていた。投票するテーマは「2017年の行政長官選挙方法に関する意見」である。この企画自身は、なかなかいいものだった。投票方法は香港大学が設けたウェブサイトに投票してもいいし、実際に設けてある投票所に投票に行ってもいいという、両方の方法を採用。ネット投票は6月20日から29日までとし、投票所における投票期間は6月22日から29日までとした。結果、この投票には79万人が参加し、大成功を収めている。

「真の普通選挙聯盟」が提案した三つの方法（「国民が候補者をノミネートする」、「政党が候補者をノミネートする」および「より民主的であればより良い」団体の「指名委員会がノミネートする方法」）に最も多い賛同者が集まり、33万票を獲得した。学聯および学民思潮が提案した「学会方案」（「公民によるノミネート」と「立法会が創る指名委員会がノミネートする」というやり方の二つを組み合わせる方法）は30万票を獲得。88％の投票者（約70万人）が「政府の方案は選挙民が意思表明できない方法なので、立法会はこの方法を否決すべきだ」という意見に賛同している。

毎年7月1日になると、恒例の「香港中国返還」に対する抗議デモが行われているが、2014年7月1日は、主催者側発表で51万人におよぶ大規模デモがあった。これまで多かったのは国家安全法制定に反対した2003年（50万人）、2004年（53万人）などで、愛国教育運動反対のためのデモは2012年に40万人に達している。

2014年7月1日の抗議対象は白書の内容で、「公民による長官候補者の直接指名」「香港人の自主を守れ」あるいは「中国中央の威嚇を恐れない（無懼中央威嚇）」などを叫んでデモ行進した。この形態あるいは性格であるなら、市民は一致団結する。この事実を掌握することは、雨傘革命を分析する上で、非常に重要だ。

しかし、それも虚しく、2014年7月15日、梁振英長官は、2013年12月4日から始めた諮問結果を香港の「政治体制改革に関する報告書」として全人代に提出した。その内容はもちろん、全人代常務委員会と〝調整〟したあとの、中共中央にとって非常に都合のいいものだった。香港市民の民意など、まったく反映していない。

だというのに、この民意不在の報告書を、香港市民の民意として「解釈」し、全人代常務委員会は2014年8月31日に会議を開き、その結果を同日、記者発表したのである。

こうして香港デモ「雨傘革命」の幕は切って落とされた。

第4章

雨傘革命がつきつけたもの

2014年8月31日午後、全人代常務委員会会議が終了し、常務委員会弁公庁は人民大会堂で記者会見を行った。会議で議決された声明を発表したのは全人代常務委員会の李飛・副秘書長だ。主旨はおおむね以下の二つである。

- 2017年からの行政長官選挙に関して、選挙資格を持つすべての香港市民に投票権を与えるが、ただし立候補者は指名委員会（選挙委員会）が厳選した2、3名に絞る。
- 立候補者は指名委員会の2分の1以上の賛成票を得なければならない。
- 立候補者は「愛国愛港者」でなければならない。

これまで行政長官を選ぶ資格は選挙委員会にしかなかった。しかし2017年からは、この選挙委員会を指名委員会と改称し、「約束通り」、選挙資格を持つすべての香港市民に投票権を与えること

（一人一票）は保障するが、立候補者は指名委員会が選んだ2、3名に限られるという。80％以上が親中派で占められている指名委員会の50％以上の同意がないと推薦されないとなれば、すべての候補者は親中派になってしまう。おまけに立候補者は中国大陸の「国情」に沿い、「愛国者」でなければならないと宣言したわけだ（以後、この宣言を8・31宣言と称することとする）。

すでに何度も書いてきたが、「愛国者」とは「中国共産党を愛する者」のことである。これはまさに今、中国大陸で実施されている選挙制度に近づいたということだ。中国ではこれを「一党専制」の下の「民主的な普通選挙」（一人一票）と名付けているので、中国中央にとっては「普通選挙にする」と言ったことと矛盾があるとは思ってないのである。

中国は憲法により中国共産党が国家を指導すると規定しているのだから、これまでも中国中央は中華人民共和国憲法をもっと勉強しろと、香港市民に忠告してきた。

8・31宣言は、事実上、民主党派を排除し、親中派を中心として今後香港政府が運営されていくことを意味している。

何もかも香港市民の民意不在の決定がなされ、中国中央に都合のいい方向に動いていく香港政府と梁振英長官――。

立ち上がったのは、まず学生たちだった。

1　立ち上がった学生たち──デモの時系列

授業ボイコットからオキュパイ・セントラルへ

これを予想していた香港政府は、２０１４年7月17日、突然この日から添馬公園（Tamar Park、以下タマール公園と表記）の近くにある香港政府総部東棟のロータリー部分の工事をすると通告して、8月末日までの立ち入りを禁止していた。その後、天気の影響などを理由に9月10日まで工事期間を延期している。そのため学生たちは政府庁舎に近づくことができず、デモの設定を延期していたようだ。

ここは大きな広場になっており、市民がたびたび野外集会などに使用していた。２０１２年の国民教育抗議デモのスタート地点にもなった場所で、その後、市民はこの広場を「公民広場」と呼ぶようになっている。

工事が終わると、それまでなかった鉄の柵ができ上がっていた。公民広場の使用時間を香港政府は制限し、夜11時から翌朝6時までの使用を厳禁し、さらに日曜日と休日のみの使用申請のみを受け付けると変えた。民主党派は、これはオキュパイ・セントラル運動へのいやがらせだと批判した。

政府総部を建てたときから「門常開」（門はいつでも開いている＝いつでも入っていい）と言われていたのに、これでは「門常関」（門はいつも閉めている）になってしまうではないかと、一般市民も抗議した。

ただ、抗議行動を遅らせた原因を学生側から見れば、授業ボイコットという形による抗議運動を展開しようとしていたので、新学期が9月初旬から始まり、オリエンテーションなどがあって授業が始まってからの方が、効果が高いという側面もあったのかもしれない。

大学生を中心とした学生組織である学聯側は、9月22日から26日までの授業ボイコットを宣言し、中高生を中心とした学民思潮らは9月26日、１日の授業ボイコットを宣言した。

このボイコットは「授業には出ないが、学ぶことはやめない（罷課不罷学）」ということをモットーとし、学生たちは各大学や中学高校の教員に、広場における講義をお願いしていた。これに呼応して３８２名の大学や専門学校の教員が広場に集まり、卒業生たち１０８名も講義に賛同した。

抗議運動の内容は

●２０１７年の長官選挙は「公民指名」を要求！

●立法会議員の職能別議席制を撤廃せよ！

●全人代は8・31宣言を撤回せよ！

●以上の要求を呑まないなら、梁振英長官は辞職せよ！

などである。

授業ボイコット開始前に、学生たちは抗議運動のシンボルとして、図にあるような黄色いリボンを大量に作り、学生や市民に配布している。

それ以降の動きは、授業ボイコットからオキュパイ・セントラル派の合流までに焦点を当てて一覧表を作成することにする（表5）。デモ全体の進行に関しては多くのメディアがすでに伝えているので、ここでは学生とオキュ

このシンボルマークは民間団体「民間人権陣線」が思いついたもので、「政治を民に返し、普通選挙を実行せよ」というスローガンに基づいて作られたものである。

パイ派および民主党派（政界）の動きとの関連部分をクローズアップして考察する。特にオキュパイ派の自首が学生運動に与えた影響は甚大なので、終盤の自首前後にも焦点を当てる。

なお表5の中に出てくる「不反対通知書」（No Objection Letter）とは、もともと1967年にイギリス統治下の香港において親中容共の活動家によるデモを禁止するために出された公安条例で、97年に香港が中国に返還された後は、香港基本法の第27条と第17条および公安条例第245条により規定された「デモの許可証」のようなものである。デモが合理的であり非暴力的であるなら、「当局は反対しない」という許可証だ。これがないと、決められた特定区域でのデモは許されていない。

表5　授業ボイコットからオキュパイ・セントラル派との合流まで

2015年9月22日14時20分	周永康をリーダーとする学聯の大学生たちが、香港中文大学の百萬大道で授業ボイコットによる抗議運動を開始。1万3000人が集まった。周永康「なぜ700万人の香港公民が自分の運命を決めることができず、わずか170人の全人代常務委員会委員が香港人の運命を決めるのか？　中国は財閥とともに香港の政治を独占し、民意と民生問題を考えていない」と演説。学生たちはこの広場で講義を受けた。
9月23日	学聯は金鐘（アドミラルティ）にあるタマール公園と立法院総合庁舎の周りをデモ行進した。その間、野外授業を受けている。
9月24日	学聯は中環（セントラル）までデモ行進したが、「不反対通知書」をまだ当局に申請していないため、警察のイエロー・フラッグ（黄旗、イエロー・カードに相当）に遭い、中環からタマール公園に引き返してデモを終了させた。タマール公園は許可なしに使っていい。その間、野外授業。

9月25日	学聯は継続してタマール公園で集会を開いた。夜になると一般市民が続々集まってきて、公園の敷地は立錐の余地もないほど人で埋まっていた。授業を終えた沙田崇真中学6年（高校3年）の生徒が参加して授業ボイコットを呼びかけていたとき、一人の中年の男に殴られ、前歯を折られた。「この男は中国側（＝香港政府側）が雇ったヤクザだ。俺はこの男を知っている」と、香港のご老人は遠藤に伝えた。
9月25日 9時30分	集会が終わった後、学聯は4000名のデモ参加者を引き連れて「不反対許可証」をもらってない区域である礼賓府に向かい「梁振英（長官）は降りろ！」と叫びながらデモ行進をした。このデモは許可証をもらってないので、逮捕される可能性があり、参加者に携帯内のデモに関する内部情報を学聯本部に送信してから削除するように指示した。このとき警察側が「突進をやめろ！　さもなくば、武力攻撃をする」という「紅旗」（レッドカードに相当。「紅牌」とも言う）を掲げながら礼賓府の東側の上亞厘畢道を塞いだので、学聯は北側に回って下亞厘畢道から礼賓府に入ろうとした。目的は朝まで待って、梁振英が出勤する際に対話を要求しようとしたのだが、失敗に終わった。
9月26日	この日から香港政府が10月1日の国慶節（中国の建国記念日）に向けてタマール公園で祝賀行事を開くので、学聯は集会場所を政府総部の東側にあるタマールと立法会露店広場に移した。そこで待機。 この日は黄之鋒が率いる学民思潮が授業ボイコットに入る。黄之鋒は3000人ほどの中高生を引き連れてやって来た。夜になると台湾のひまわり学生運動の代表者やマカオの学生運動の代表者などの映像をスクリーンに映し出し歌を歌って盛り上がった。大勢の市民が応援にやってきて、歩道橋の上まで道路はすべて市民で鈴なり。活気を呈していた。10時15分に解散することになっていた。

9月26日 10時26分

ところが閉会時間が押してきた10時26分、学民思潮のリーダー黄之鋒が突然マイクを握って演台に立ち、「感想を述べさせてくれ」と言った。それは学聯との間で交わされていた一つの合図だった。黄くんは「さあ、皆さん！　学聯の先頭部隊に続いて立法会停車場出入り口を突破して、政府総部東棟ロータリー（公民広場）に突入しよう！」と叫んだのである。すると約１００名の学生が公民広場を囲んでいる高さ3メートルほどの鉄の柵に向けて突撃し、公民広場になだれ込んでいった。

警官は機動部隊を緊急出動。いきなり大量の胡椒スプレーを噴射し始めた。胡椒水を浴びて心臓発作を起こす者、警察の棍棒で殴られ怪我をする者などが続出。警察は救急車を呼ばず、10時56分に黄之鋒らを現場逮捕した。

このとき柵を突破した１００名の中に、民主党派過激派議員の長毛こと梁国雄がいる。のちに香港大学の学生会会長・梁麗幗が明かしたところによれば、2日前から学聯と学民思潮のトップ同士が極秘で話し合い、学聯の授業ボイコット最後の日に、この行動に出ようと密約していたそうだ。突撃隊となる学生たちには、実行2時間前にその場で突然知らせるという周到ぶり。秘密を守ってきた。この突発的な行動に関して、２０１４年6月10日付「大公報」（香港の新聞）は、長毛が学生たちを集め、ただ単におとなしく占拠運動などをしても効果はない、もっと過激な行動に出なければインパクトはないとして、学聯および学民思潮のリーダーを早くから説得していたと報道している。そのときオキュパイ運動派の戴耀廷もいたとのこと。学生たちは大人たちの間に挟まれて、デモ発生前から追い込まれていたことがわかる。

事実、刈部の取材（２００頁）にある通り、黄之鋒は長毛の過激な動きに関して「彼らと同じようなことはできない」つまり、ついていけないと語っている。また、黄之鋒はオキュパイ・セントラル戦法に関しても、疑問を呈している。「自分なら立法府のある金鐘（アドミラルテ

9月27日〜9月28日	イ）を狙うが、オキュパイ派が金融街の中環（セントラル）を狙うと主張してきた」と不満をもらしている。 学聯の授業ボイコットは26日までだ。しかし黄之鋒が逮捕されたことを知った市民たちが街にくり出し、8万人ほどに膨れ上がった。「学生を釈放しろ！」と市民は叫んだ。深尾の聞き取りにもある通り、市民は熱く、学生を応援していた。 27日の夜、オキュパイ・セントラル論の発起人代表・戴耀廷が「今からオキュパイ・セントラルを始める！」と宣言した。正確には日付は27日から28日にまたがっており、正式宣言した時間は28日午前1時40分である。すると、それまで集まっていた学生たちの一部分が帰り始めた。「自分たちは授業ボイコットに賛成したが、オキュパイ・セントラルなんかに賛成するつもりはない。なぜなら彼らは民主党派の流れだからだ。なんだか乗っ取られたような感じがする」といった趣旨のことを言う学生が続出した。学生たちはこのとき「騎劫」（乗っ取られる）という中国語でこの気持ちを表現している（劫：おびやかす）。広東語だが、【有支持啟動佔中　亦有感被騎劫】（https://www.facebook.com/video.php?v=303575183167890）でもナマの声を聴くことができるし、ツイッターも見ることができる。学生たちが去っていくのを見た長毛は、地面にひざまずいて学生たちを引き留めている。このことから見ても、オキュパイ運動の背後に民主党派がいたことは明確だ。占中三子と称されている占領中環（占中）発起人3人の占中開始宣言の動画の中に、民主党元主席の李柱銘の姿と、のちに述べるジミー・ライの姿も観ることができる。

長毛はひざまずいて、学生たちにどうか離れていかないでくれ、と懇願している（http://news.ltn.com.tw/news/world/breakingnews/1117415）。

前半の時系列表は、一応、ここまでにしておこう。

まず知りたいのは、なぜオキュパイ運動が、結果的に成功しなかったかだ。

もちろん、これまでの国家安全法制定や国民教育（＝愛国教育）強制への抗議デモと、今般の「行政長官選挙方法」は根本的に異なる。中国大陸における選挙方法は、「中国共産党の一党支配を維持する装置」である。だから絶対に中国中央は引き下がらない。しかし、8・31宣言の実施時期を2017年ではなく、2027年まで延ばすという方法だってないわけではない。つまり現行のまま行くということだ。国家安全法例も、国民教育も、実施時期を延ばしただけで、「完全に撤回する」とは言っていない。

もしオキュパイ派や民主党派が学生に合流していなかったら、これまでの学生運動同様に、一定程度の勝利を収めたかもしれない。少なくとも香港で「金融街を占拠する」などということをせず、黄之鋒が主張してきたように「金鐘（アドミラルティ）にある政府総部だけをターゲットに」していたら、市民生活を破壊することによる市民からの反発はなく、あるいは成功していたかもしれない。金融の街、香港で金融街を占拠しても困るのは香港市民であって、中国政府には打撃を与えないからである（詳細は次節の「中国中央はどう対応したのか」で述べる）。

もちろん、学生と気持ちを一つにする民主党派が学生の運動を支援するのは、自然のことかもしれない。しかし、なんと言っても第I部第3章の3で述べたように、民主党派は2012年9月9日の立法会議員選挙で大敗している。その挽回をこのオキュパイ・セントラル運動でしようとしていることは明らかだ。発起人の一人、戴耀廷の師匠は民主党元主席の李柱銘なのだから。これがオキュパイ運動から離れていった学生や市民の心にある。

民主派議員が立法会で多くなれば、親中派に有利な法案を否決する力が大きくなっていくので、そういう視点で考えれば、逆に学生が民主党派を支援するのも悪いことではない。8・31宣言は、最終的には立法会における議決が必要だ。現在のままなら民主党派は3分の1の議席数を保っているので、まだ否決権を持っている。これ以上の反感を市民に与えない方がいい。

香港生活が長いジャーナリストのふるまいよしこ氏は、いつも、なかなかいいことを書いているが、この疑問に関する彼女のツイートは興味深い。彼女が発信した「オキュパイ・セントラルにくみしない学生」(http://togetter.com/li/724719) から引用させていただく。「2014年9月28日7時49分50秒〜2014年9月28日8時12分00」の間に発せられたツイートの内の前半部分をつなげる形で書く(傍線：遠藤)。

◆行政長官普通選挙を求める学生たちを中心とした政府ビル前広場座り込みが続いていた香港で、その行動を経済の中心地であるセントラルに座り込む「オキュパイ・セントラル」に切り替えるという宣言がなされてから、続々学生たちが離脱するという動きが起こっているという情報。

◆「オキュパイ・セントラル」への切り替えに対して、FBには「ある一定の政治活動に利用されるのは勘弁」という参加学生の声が残されている。リーマン・ショック時にアメリカで起こった「オキュパイ・ウォールストリート」に倣《なら》って始まった「オキュパイ・セントラル」だが、…その後、模倣から次第に「(香港人のコンセンサスである)行政長官選出への(本当の)普通選挙実施」へと焦点を合わせた活動へと変化したが、最初の「オキュパイ…」を遠巻きに眺めていた人たちを引き込むには至らなかったようだ。普通選挙導入希望派は早急な作戦転換が必要な状態(FB=フェイスブック:遠藤注)。

◆これはつまり、ここ数日間の政府ビル前デモ・座り込みのきっかけとなった「全学生ストライキ」はほぼ、学生たちの自由意志で進められたが、「オキュパイ…」はその論理的支援者が今回の学生たちの先頭に立った大学教授たちだったけれども、100%彼らのやり方には共感していない、ということ。

◆つまり、「オキュパイ・セントラル」には政府に対向する立場をとる学生たちにも批判的な意見があり、また彼らも若いからといって盲目的に大学教授らの指導に従うつもりはないという意思の表明だろう。自己意思の高さに驚く。高校生~大学生が中心の今回の学生ストライキは、どこへ向かうのか。

事態の推移に関しては多少の誤認はあるものの、若者たちの現場の声を、「なぜ学生は離れたのか」という視点で拾ったときに、実に示唆的である。これは一般市民の離反理由の一つにもつながっている。

それでも残った学生たちは、金鐘だけでなく、中環(セントラル)をはじめ、銅鑼湾(コーズウェイベイ)や旺角(モンコック)などの金融街や繁華街に占拠の範囲を広げていった。

その勢いに押されて、9月28日、警察がデモ隊に対して胡椒スプレーや催涙スプレーを噴射するだけでなく、催涙弾まで投げ始める。1日に87発の催涙弾を投げたこともある。それでも両手を挙げて無抵抗で対応する学生たちを見て、市民はいたたまれず街頭に繰り出し、その数があまりに多くて警察隊が市民に囲まれていく場面さえあった。この詳細と庶民の心情は第Ⅱ部第8章で深尾がみごとに描き出している。

このとき学生たちは胡椒スプレーや催涙スプレーから身を守るために、傘をかざしゴーグルやマスクをつけ、レインコートを着るなどしたために、その様子から「雨傘革命」と呼ばれるようになる。

この様子は全世界の目を奪い、正義を愛する者たちの胸を熱くした。

学生たちの純粋なメッセージが届いたからこそ、本書を書いているゆえんでもある。

それは同時に、中国共産党の一党支配体制の強引さと強硬さへの嫌悪と恐怖を全世界に植え付けたのではないだろうか。その意味で「雨傘革命」は成功したとも言えるだろう。

警察は若者たちが身を守る傘をさえ、組織的に次から次へと奪う行動にも出ている。

市民が警察に「私もあなたも同じ人間ですよ！　みんな自分で考えることができる人間だ。なのに、なぜ政府の道具になり下がるのか？　良心をなくしたの？　武器を捨てなさい！　香港の未来は、あなたたちや私たちにかかっていることを考えなさい！」と詰め寄る場面もあった。

警察がこの暴挙に出始めたとき、逃げ惑う学生たちを警官が「ちょっと待て！」と呼び止め、学生が振り向いた瞬間、警察はその目をめがけて強烈な勢いを持つ胡椒スプレーや催涙スプレーを噴射したことがある。その残忍さに市民は黙っていられなくなったのだ。

警察の残忍さに関しては多くの画像があるが、中でも許せないのは、反占中派と称して学生たちに暴力をしかけてきた「市民」がいたが、それは政府側が雇った香港マフィアであったことが分かったことだ。数名の警官が一人の若者を暗がりに連れて行って、地面に倒した若者を複数で足で蹴るなど乱暴狼藉を働いた動画もある。そのうち2名は誰か見てないかどうか見張り役をするという、まさに警官そのものがマフィアの世界だ。

こういった途中経過に関しては多くの報道があるので、ここでは控える。

オキュパイ派の自首――置き去りにされた若者たち

では後半のオキュパイ派発起人、占中三子たちの自首の部分に入ろう。

香港政府は11月18日からバリケードの撤去を始め、デモ隊が占拠していた幹線道路も開通した。それに伴いデモ隊の規模は縮小して、11月末にはついに金鐘だけとなる。これは黄之鋒がデモ開始前から主張していた「ここに限るべきだ」とした場所である。オキュパイ派の誘いに乗っていなければ、この場所に限ったことによって市民の反発を受けず、何かを変えられたかもしれない。

だというのに、占中三子は自首すると言い始めたのだ。

12月2日、「非合法集会に参加した罪」を犯したので、その責任を取るとして、翌日自首すると宣言した。さらに「自首は刑事責任を負うことであり、法治のあり方を尊重する」とも言っている。

占中三子は翌3日午後3時20分、中区警察署に出頭。警察署に入るときの戴耀廷は、なぜか笑っていた！　警察署は占中三子と行動をともにした計65人の出頭手続きを行っただけで、すぐさま釈放している。

1時間もせずに警察署から出てきた戴耀廷は、自首書にある7項目の罪のうち、「許可を受けてない集会に参加した」という項目に◯印をつけて、手続きは終わったという。

警察当局は、「拘束されたわけではないので、自首したという資料に署名すれば、それでいい」と言って釈放したとのこと。

これはいったい、何ごとか——。

これだけ多くの若者の命がけの闘いと純粋な思いを巻き込んでおきながら、自分は「違法行為を犯したことへの責任を取るため」などと弁護して自首する。

戴耀廷が罪を犯したのであれば、巻き込まれた若者たちもみな「罪人である」ことになる。その罪人たちが、今後さらなる民主化運動を展開したときに、民意を惹きつけることができるとでも思っているのだろうか。

おまけに警察当局は「今後の措置に関しては連絡を待つように」と戴耀廷に告げている。

ということは、今後いつ逮捕、起訴、審判そして投獄という事態が来るかわからないということになる。当局は民主運動を牽制するために、それをすぐには実行せず、できるだけその時期を遅くして、「今から逮捕されるかもしれない罪人」に、市民が誰もついていけないようにする算段だろう。

戴耀廷ひとりが、民主運動のリーダー性を失うのは、まだいいだろう。

こういう人は先頭に立たない方がいい。

問題は彼に協力した学生たちの今後だ。

学聯のリーダーである周永康は、自首の道を選ばなかった。「占中三子の自首は尊重するが、自分としては、その時期はまだ早すぎる」と譲歩形を取っている。周永康は香港大学に在籍している。戴耀廷と同じ大学だ。もちろんオキュパイ論のシンポジウムにも何度も参加している。その意味では戴耀廷に傾かざるを得ないところがあっただろう。

それに対して学民思潮の黄之鋒は、明確に自首には賛同していない。

黄之鋒は12月2日から絶食による抵抗に入り、「拘束されるまで、ここで抵抗を続ける」と宣言した。

正解だ。

この黄之鋒の選択こそが一番正しい。

デモ参加者のスローガンには「公民抗命」という言葉がある。これに関してはすでに触れたので詳細は省くが、インドのガンジーもまた、最後まで非暴力で抵抗はしたものの、自ら「私は法を犯しました。どうぞ逮捕してください」と、時の権力者に対して頭を下げてはいない。その結果、逮捕されたり拘束されたりしているだけだ。

もし、「自分は現在の権力が規定する法を犯した」として自首するのであれば、それは「現在の権力者（統治者＝政府）の法は正しい」と認めたことになり、「あなた方のその正しい判断により私を裁いてください」と政府にひざまずいたことになるのではないのか？

暴力的で一方的な政府に、自分の運動（民主運動）を裁く主導権を渡したことになる。

それによって、さらに広範な民主運動を展開し、香港市民を覚醒させるのだと戴耀廷は論理構築しているが、いったい誰がそんな人間の言動によって覚醒させられるだろう。

こんな論理は、どのような理屈をつけようとも成立しない。

注目すべきは、このとき長毛はどういう行動を取ったかだ。

彼は「自首不如自強」（自首することは、自ら強くなることには及ばない）」と語って、占中三子とは行動をともにしなかった。つまり、「自首するくらいなら、もっと強くなれよ」ということである。これも長毛らしくていい。

香港の周永康は「もう、そろそろ終わりにしよう」と黄之鋒を説得したが、黄は応じなかった。しかしそうでなくとも痩せている黄は、ついに血糖値が下がって倒れてしまったのである。

こうして雨傘運動は、２０１４年12月15日にピリオドを打った。

2　市民がついていかなかった、もう一つの理由
――チャイナ・マネーが民主を買う

香港市民が雨傘革命から離れていった理由には、前節で触れた原因以外にもっと根本的な現実がある。それは香港経済が中国なしではやっていけなくなっているという事実だ。

まず、１９８０年から２０１４年までの中国大陸および香港の名目ＧＤＰの推移を比較してみると、図３のようになる。

２０００年代に入ると中国大陸のＧＤＰは急速な伸びを示し始め、２０１０年には日本を追い越

図3　中国大陸と香港の名目ＧＤＰの比較

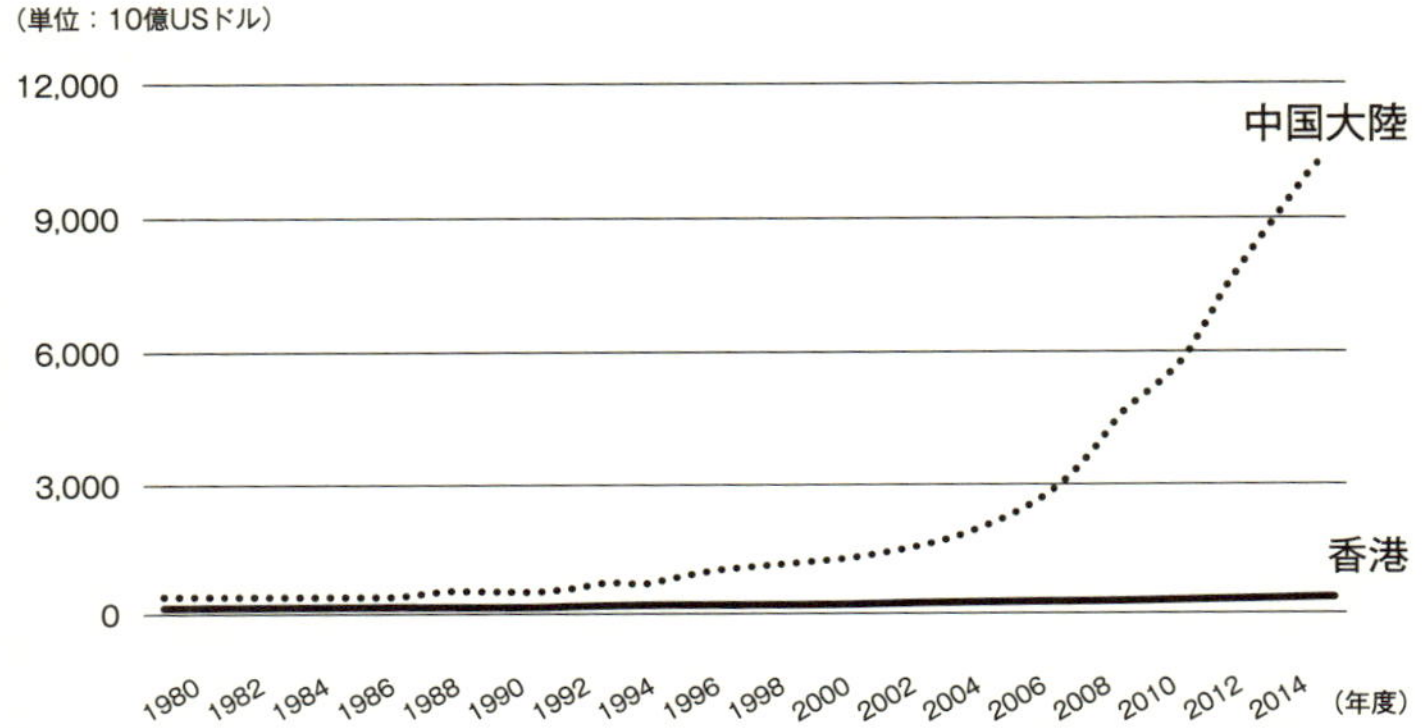

出典：http://ecodb.net/exec/trans_country.php?type=WEO&d=NGDPD&c1=CN&c2=HK&s=1980&e=2014

し、世界第2位となってアメリカににじり寄っている。すぐにアメリカを抜いて世界一になることは誰の目にも明らかだ。

それに比べて、香港の経済成長はどうだろうか。改革開放が始まった１９７８年には、香港をモデルとして深圳など広東省や福建省に経済開発特区を創ったのだが、今や中国大陸の方が比較にならないほどの成長を遂げ、その差は一目瞭然である。

中国大陸は香港に頼る必要は全くなくて、今やむしろ香港が中国に頼っている。

前章で触れた２０１４年6月10日に発表された『白書』には、いかに香港経済が中国大陸によって支えられているかが、これでもか、これでもかと書いてある。たとえば、

●２０１３年、香港の統計によれば、香港と大陸部の貿易額は3兆８９１３億香港ドルに達して、１９９７年に比べて3．49倍に増え、香港の対外貿易総額の51・１％を占めた。

●２０１３年末現在、香港で上場した大陸部の企業は７９７社に達し、香港上場企業総数の48・5％を占めた。
●香港で上場した大陸部企業の時価総額は13兆７０００億香港ドルに達し、香港株式市場の時価総額の56・９％を占めた。
●大陸部と香港はそれぞれの外来直接投資の最大の供給源でもある。２０１３年末現在、大陸部の香港への直接投資は３５８８億ドル以上で、大陸部の対外直接投資総額の60％近くを占めている。大陸部は累計して香港の投資プロジェクト36万件近くを認可し、実行ベースの香港資本は６６５６億７０００万ドルであり、大陸部の累計外資導入の47・７％を占めた。
●大陸部は、香港が個人向け人民元業務、人民元債券の発行、クロスボーダー貿易の人民元決済試行などを展開するのをサポートしたため、２０１３年、香港の人民元決済プラットフォームに参加する銀行の数は２１６行に達した。その結果、香港を経由して処理されたクロスボーダー貿易の人民元決済額は３兆８４００億人民元に達し、クロスボーダー貿易の人民元決済総額の82・９％を占める。香港の人民元取引先の預金および譲渡性定期預金残高は１兆元を突破した。
●２００３年に調印した「大陸部と香港の経済貿易緊密化協定（ＣＥＰＡ）」により、２０１３年末現在、貨物貿易の方面では、ＣＥＰＡ項目下で大陸部が香港から輸入した商品の金額は71億６１００万ドル、特恵関税は39億８３００万元であった。
●サービス貿易の面では、大陸部は香港に対して総計４０３項目の開放措置をとった。ＣＥＰＡ

および同補充協定を通じて、大陸部が香港のサービス貿易に開放したカテゴリーは149に達し、サービス貿易のカテゴリー総数の93・1%に及ぶ。これは現在大陸部が結んでいる開放度の最も高い自由貿易協定である。

●「個人旅行」の試行都市を逐次拡大し、現在すでに49都市に達し、対象人口は3億人を上回った。2013年末までに、大陸部からはのべ1億2900万人が「個人旅行」の方式で香港観光に訪れた。（遠藤注：香港の観光客の75%は大陸からの観光客である。）

●2012年だけでも、大陸からの観光客が香港にもたらす観光業あるいは小売業を通して11万人以上の雇用を創出し、これは香港域内の雇用総数の3・1%を占める。

●中央政府はまた香港住民が大陸部で個人商工経営を行うことを認め、2013年末現在、大陸部で登記された香港の個人商工経営者は5982社、従業者は1万6476人に達した。

などなど、列挙すればきりがない。

したがって金融街や幹線道路を占拠するようなデモが発生し、その状況が長く続くと、当然中国からの観光客は来なくなるし、金融や貿易関係だけでなく、観光を中心として成り立っている小売業やその周辺で働くブルーカラー層の生活も破綻する。

チャイナ・マネーはその辺を考えて、香港にさまざまな仕掛けを仕込んできているのだ。

そうでなくとも小学校は休校、バスは運休、タクシーも走ることができないとなれば、困るのは一般庶民だ。病院に行くにも、急病で救急車を呼ぶにも支障を来たす。

市民が不満を持たない方が嘘だろう。

だから中国中央は「港人治港」とタカをくくって、香港市民がオキュパイ運動に抗議し始めるのをじっと待ったのである。「やらせ」もあるのは事実だが、しかし全体の民意としては、「デモ中止」を望んだ。

香港大学や香港中文大学は、毎年民意調査を行っているが、２０１４年9月22日ではオキュパイ・セントラル運動に反対する市民が46・３％だったのに対し、２カ月後の11月19日では83％の市民が反対を選び、すぐにオキュパイ運動をやめるべきだと主張している。

同年7月1日の中国返還抗議デモでは51万人も参加した事実を考えると、やはりオキュパイ論が市民の支持を得られなかったという側面は大きい。

3　中国中央はどう対処したのか？

初期は徹底した情報統制

ともかく中国中央は香港における抗議活動が、「民主運動」という形で大陸の若者や民主活動家を刺激しないように、まずは徹底した情報統制を行い、ネット情報の削除と監視のレベルを最高度に上げた。それでも携帯情報の監視はしにくいし、中国が大陸の周りに張り巡らせている「万里の防火長城」（グレート・ファイヤーウォール、Great Fire Wall）を破って外部情報を得る手段をネットユーザーは持っている。また遠藤のところにも個人的に香港や大陸の民主活動家から（たぶん膨大な）ＣＣでメールが入っているので、このCCの中に、きっと少なからぬ大陸部の民主活動家もいるはずだ。

そのため大陸でも少なからぬ民主活動家が香港革命を応援したが、そのため少なくとも94人が拘束されている。人権団体アムネスティ・インターナショナルが報告しているし、遠藤が受けたメールにもその情報は入っている。94人のうち10人は逮捕されている。そのころ遠藤の古くからの知人で80歳を越える鉄流氏も突然投獄されてしまったので、いかにひっそりと激しい弾圧が行われていたかをうかがい知ることができる。

テレビや新聞などの統制はもっと厳格だったのだが、10月1日の国慶節になると、香港の少数の若者が中国の国歌（義勇軍行進曲）を歌っている様を国営の中央テレビ局CCTVが報道した。それはいかにも「やらせ」というイメージを与え、中国で国歌を歌うときの威風堂々とした雰囲気はなく、か細い声でタラタラと歌っている感じで、これでは逆効果だろうと、思わず失笑してしまうほどだった。こんな国歌の歌い方は、建国以来、見たことがない。

運動が後半に入ってデモに抗議する一般市民の声が顕著になり始めると、突然、毎日のように反占中派の声と姿を拾い上げ報道するようになった。

違法行為だという解説が強調され、10月20日から23日まで北京で開催された四中全会（中国共産党第十八回全国代表大会第四次中央委員会全体会議）では、「依法治国」（法によって国を治める）と「依憲治国」（憲法に基づいて国を治める）が、今後の国家方針として採択された。

この目的はもちろん腐敗撲滅運動に正当性を与え、たとえどのような大物でも不正腐敗を行えば逮捕するということのための決議ではあったが、同時に香港に対して基本法という香港の憲法のような存在を盾として、全人代常務委員会という「窓口」を通して中共中央が行っている香港への管理を正当化するものであった。

香港保釣聯盟は反中反共組織

また中国中央が国家の方針として2015年の「反ファシスト戦勝70周年記念式典」を大々的に開催すると何度も宣言してきたのは、第I部第3章の2で述べたように、香港では親中派であろうと民主党派であろうと、「反日」ということに関しては一致しているからだ。戦後賠償や歴史認識あるいは領土問題に関して、これまで香港の立法会で反対意見が出たことがない。100%の全会一致で可決している。

それでいながら民主党派の反共反中意識は強烈だ。そのことは、この雨傘革命中に長毛を中心とした香港保釣聯盟が尖閣諸島上陸に向けて出港したことに、如実に表れている。

香港保釣行動委員会の長毛の仲間たちは、なんと、オキュパイ・セントラル運動の真っ最中である10月12日に、オキュパイ運動を弾圧する**中国中央への抗議表明のために**、尖閣諸島上陸に向けて抗議船「啓豊二号」を香港の港から出航させたのである。

もう一度書くが、「中国中央への抗議のために！」、尖閣諸島領有権を主張する抗議船を出したのだ。

この構造をわからず、香港の保釣運動は「中国政府の差し金だ！」と主張する日本のメディアの、なんと多いことか——！

日本人を間違った方向に誘導するのはいい加減にしてほしいと、日ごろから思っているので、20

14年10月12日の香港保釣運動の行動には特に注意を喚起したい。

香港政府は、この保釣運動が「反共」であり、「反香港政府」であることを十分に承知しているので、すぐさま出港禁止行動に当たっている。すでにラマ島沖まで航行していた啓豊二号に対し、香港政府の水上警察が13日の午前1時25分に運航停止命令を出したが命令に従わないので船に乗り込み、船長および乗組員を逮捕した。全員がオキュパイ運動参加者であった。彼らは「体はセントラルの占拠にあるが、心は尖閣諸島領有権主張にある。香港の政治体制改革と保釣行動は、両方とも中共の弾圧を受けている」と話していると、『蘋果日報（アップル・デイリー）』は報道している。

彼らはさらにAPEC開催中（2014年11月）の北京に行き、日本の岸田外務大臣に書簡を渡そうとしたが、中国中央側は大陸入境を拒否している。

このように複雑に絡みながら、中国中央は「反日」において香港の民主派の心を、ある意味つないでおきたいという気持も働いていることを、日本人は見逃してはならない。

だからこそ2014年10月の四中全会閉幕後も「反ファシスト戦勝70周年記念式典」が大々的に叫ばれたのである。反日は日本に対してではなく、香港を含んだ国内に対して叫んでいるものであり、アジア回帰しようとしているアメリカを牽制するためのものでもある。なぜならアメリカは日本と安保同盟を結んでいるため、中国の反日はアメリカを困らせ、アメリカのアジアにおけるプレゼンスを弱めるためという、主たる目的があることにも注目しなければならない。

背後にアメリカのNEDと台湾独立派がいると糾弾

今回のオキュパイ派が主導する香港デモに関しても、中国は背後にアメリカがあると激しく非難し始めた。

香港デモ報道を解禁してからは、もっぱら全米民主主義基金（NED）が背後で「操っているのだ」という主張を全面的に展開。NEDに関しては戴耀廷と李柱銘の名前が挙げられ、もう一つの影の操作者としてジミー・ライ（梁智英）の名前が挙げられていた。ジミー・ライに関しては、背後に台湾の民主勢力があると断言している。

李柱銘とNEDの関係に関しては第Ⅰ部の第3章で詳細に考察した。

なぜここまで詳細に追いかけたかというと、最初、中国が「背後にアメリカがあり、NEDからの資金援助をもらっている」と言い始めたとき、「そんなことがあるものか」という気持から、反論を書くために調べ始めたからだ。

ところがその過程で、ランド・デストロイヤーのウェブサイトがスクープした、あの動かぬ証拠の動画にぶつかってしまったのである。事実追跡に向けて突進していただけに巨大な岩盤にぶつかったような衝撃を受けた。

ただ中国は「だから、オキュパイ・セントラルの香港デモは、香港市民の民意を代表したものではない。アメリカに操られているだけだ」と激しく主張しているが、それは違う。

若者がオキュパイ論に巻き込まれただけであって、若者の叫びは心からの表現であり、命がけの行動だ。これは「民意」である。

李柱銘も、その流れを引くオキュパイ論派も、アメリカに操られたのではなく、あくまでも巨大な力で押さえつけてくる中国中央に対抗するためには、やはり大きな力を持っているアメリカに頼るしかないという気持になったのであろう。

それはアメリカのコントロールとは言えない。

良いことだとは思わないが、しかし、かつては大英帝国という世界の権力を独占していたイギリスに植民地化され、次は中国共産党が統治する中国という大国に呑み込まれようとする香港市民の哀しい歴史が、民主主義の大国とされているアメリカへと心を向かわせたという側面は否定できない。

ジミー・ライにも多くの香港人と同じように、次節で述べるような悲惨な幼少期がある。それは中国共産党の思想弾圧から始まっており、ジミー・ライを千古の罪人と断罪する中国中央の宣伝には絶対に賛同できない。彼はむしろ、勇敢な英雄だ。それはいずれ歴史が判断を下すと信じる。

中国はまた、香港市民がいかに反オキュパイ派であるかを、これでもか、これでもかと報道し、特にオキュパイ運動に対する抗議署名をする香港市民の列と姿を毎日CCTVで映し出していた。そして今日は何万人まで署名が集まったという数値の報道も毎日行う。

180万人の抗議署名が集まったときは、署名を受け付ける担当者が、「本当に本人であるか否か」あるいは「二度以上、署名をしてないかどうか」を住民票に基づいてチェックしている様を特集番組でクローズアップした。

それは「ニセ市民」がいるという、香港民主派や西側諸国の報道を打ち消すための目的だったのだろう。

学生たちが立ち上がったときの映像や、学生たちが胡椒スプレーや催涙ガスを浴びても無抵抗でいたことに対して香港市民が立ち上がったときの映像は絶対に流させず、ホテルで観ることのできるNHKの番組なども、この映像になるとブラックアウトさえしていた中国が、署名活動の報道には力を入れたのは「港人治港」によりデモをストップさせる心づもりがあったからだろう。

このデモは、やがて必ず香港市民の経済生活を脅かし、香港市民自身が主導的に抗議し始める。だから「香港人が香港を治め、香港人がデモ鎮圧の圧力になる」と踏んでいたのである。

そのために、きちんと計算してチャイナ・マネーを香港に注ぎ込み、香港の心をチャイナ・マネーで買ってある。だから、たとえ「ニセ市民」がいたとしても、激しいデモ反対運動を、まさに裏で操っていた。

パウウェル卿の役回り

中国が何を考えているか、次にどういう行動に出るかを知るために、毎日CCTVの動きを観察していたのだが、途中からパウウェル卿の顔が頻出するようになったのには驚いた。

すでに終身刑を受けている元重慶市書記だった薄熙来の息子・薄瓜瓜《かか》のイギリスにおける後見人をしていたパウウェル卿は、CCTVの取材に対して、次のように語っている。

香港が中国に返還される前まで、香港はイギリス政府が任命した香港総督によって統治され、選挙などという概念は皆無だった。それは1841年から1997年まで続き、香港総督はイギリス国王の名代としてすべての権限を持ち、軍司令官も兼ねていた。皇室訓令に基づく植民地統治を行っていたのだ。その意味で、150年間にわたって選挙に関して香港には民主の欠片《かけら》もなかった。

ところが97年に中国に返還されてからというもの、選挙委員会に選挙権が与えられ、おまけに香港市民が立候補してもいいという、驚くべき変化が起きている。さらに2017年からは選挙資格を持つすべての香港市民に選挙権を与えるという、イギリス統治時代では考えられないことが起きようとしている。イギリス統治時代に比べて、香港はなんと民主的になったことか！　抗議デモは実に不当であり、私は断固、中国政府を支持する！

このように、中国政府が言ってほしい主張を、パウウェル卿は声を張り上げて代弁し、その主張がくり返し報道されたのである。

ところが2014年12月に入って、イギリス議会下院（庶民院、House of Commons）の外交委員会の議員団が、「英中共同声明（1984年）30周年記念」に合わせて香港を訪問し、イギリスとの関係や民主的な選挙に向けた改革の取り組みに関して民意を調査したいと要望したことに関して、中国政府は強烈に反対し、入国を拒否した。内政干渉だというのだ。

上院議員のパウウェル卿に関しては大いに「中国の内政」に関して語らせているのに、下院外交委員会に関しては「内政干渉」だという。

実に矛盾している。

きっと下院議員団が中国に批判的な調査結果を出すことを恐れているのだろう。

イギリスでは上院は世襲貴族や一代貴族などから構成されており、任期は終身で選挙もない。その分だけ、政治上の実権もほとんど持っていない。

下院は4年に1回の選挙があり、議員は国民によって選出される。だから決定権を持っている。中国はこの違いを使い分け、上院のパウウェル卿を利用しているものと思われる。

中国は何を怖がっているのか？

本当の民意を調査されると困るのか？

そんなに民意が怖いというのか？

大陸部を含めた中国公民の民意は、本当は中国共産党を信用しておらず、中国共産党を好きではないことを、一番知っているのは中共中央だからなのだろう。中国が恐れるのは、この民意が表面化することである。

だから「銭」と「言論弾圧」によって一党支配体制を維持しようとしている。

4　世界金融界のセンターを狙う中国

中国が狙っている、もう一つのことがある。

それは金融界において、西側諸国主導型を中国指導型に切り替えていこうという試みだ。世界の金融中心地をウォール街から「北京」と「上海」に持っていこうという計算なのである。そのロードマップを列挙する。

①アジア・インフラ投資銀行（AIIB）の設立

これまではアジア太平洋における経済成長及び経済協力を助長し、開発途上国の経済発展に貢献することを目的に設立された「アジア開発銀行（Asian Development Bank：ADB）」が国際開発金融機関として大きな役割を果たしてきた。しかしアジア開発銀行の最大の出資国は日本とアメリカで、両国とも出資比率15・65％を占めている（ちなみに中国は6・46％）。それはすなわち、東アジアの金融界を日米が主導しているということになる。

中国はこれを切り崩したい。

なんと言っても中国は世界の外貨準備の60％に当たる4兆ドルを持っている。

そこで中国は2013年10月2日、中国主導でアジアのインフラ整備に資金を供給する「アジア・インフラ投資銀行（Asian Infrastructure Investment Bank：AIIB）」の設立構想を提案。2014年10月24日、北京の人民大会堂にアジア21カ国の代表が集まり、AIIB設立の覚書に調印した。AIIBの本部は北京に置かれ、総裁は中国国際金融有限公司の前董事長が就任することになっている。資金の50％以上である500億ドルを中国が出資して圧倒的主導権を中国（北京）が握る。インドはこれに不満を述べたが、「加盟国間の対話で支配構造を調整できる」とする中国に説得されて加盟を決定した。

2015年1月13日の段階では参加国が26カ国に増大。2015年内に動き始める。

韓国がこれに加盟してくれれば、アメリカのアジアにおけるプレゼンスを一段と低めることができた。そこで習近平はパククネ大統領との蜜月関係を深め、韓国を抱き込もうとしたのだが、アメリカが猛烈に反発。「中国に協力したら、これまでの米韓関係の信用に傷がつく」とパククネを脅し、彼女は習近平とオバマ（&ケリー国務長官）との間で、まるで劉延東の八面観音に近い多面相を演じて見せたが、アメリカの脅迫に負け、参加していない。

２０１０年～２０２０年のアジアにおけるインフラ整備には8兆ドル以上の資金が必要だ。中国はそのため、すでに鉄道を中心としたインフラ建設に関して関係各国に中国資本の投入を決定している。

② 「新開発銀行」新設（2014年7月。本部は上海）

中国やロシア、インド、ブラジル、南アフリカなどのＢＲＩＣＳ（ブリックス）５カ国が設立していたＢＲＩＣＳ銀行に、さらにチリ、インドネシア、ナイジェリアなどが加入した「新開発銀行」が、２０１４年7月15日に誕生した。

アジア・インフラ投資銀行がアジア開発銀行に対抗するものであるとするなら、こちらの新開発銀行は世界銀行や国際通貨基金（ＩＭＦ）と拮抗する国際開発金融機関に相当する。出資金はＢＲＩＣＳ５カ国の占める割合が優先され、他の国が新たに加入することは拒まないが、ＢＲＩＣＳが全体の出資比率の55％以上を占めるというラインは崩さない。５カ国間の投資比率は均等とする。

中国は長年にわたりＩＭＦに対して中国の出資比率の増額を求めてきたが、アメリカがずっと難色を示してきた。

それならロシアと手を組んで新興国を中心に別の国際開発金融機関を作りましょう、として設立したのが、この新開発銀行だ。

実はIMFの主導権は本来ヨーロッパ諸国にあったが、それがアメリカにシフトしていっていることにヨーロッパは不満を持っている。そこで美しく知的な顔立ちのクリスティーヌ・ラガルドIMF専務理事（フランス）は2014年6月、「いずれIMFの本部が現在のワシントンから中国の北京に移転することになるかもしれない」と発言した。

中国の出資額を抑えこむアメリカに対して、それでもじわじわと出資額を延ばしてきている中国の存在は、ヨーロッパでは脅威でもあり頼もしくもある。新開発銀行を別途設立してIMFに脅威を与えるくらいなら、いっそのことIMFで重要な役割を果たさせた方がいいのではないかとの思惑から言った言葉だろう。

しかしアメリカに頭を下げるくらいなら中国とロシア主導で世界の金融界において君臨していこうという道を中国は選んだ。

そこにはウクライナ問題でアメリカに虐められているロシアの強い要望もあったものと見られる。

③上海協力機構開発銀行の強化（本部上海）

上海協力機構は中国、ロシアを中心として、主に中央アジア5カ国が加わって動き始めた安全保障防衛組織だったが、中国が中央アジア5カ国から石油や天然ガスを輸入する新シルクロード経済ベルトを形成していることから、徐々に経済共同体の役割も果たすようになった。そこで、2010年11

月25日に上海協力機構開発銀行を設立。アジア・インフラ投資銀行とともに、これからは南に延びる海へのシルクロード経済ベルトへと向かう可能性を持っている。

こういった例を挙げればきりがなくなるので、この辺でやめておくが、要するに言いたいのは、これほど大きな世界規模の金融中心地に関する地殻変動が起きている中、香港の金融街を潰すことは、香港人自身にとって賢明なことではないし、中国中央が「国際金融都市」としての香港の役割に終止符を打ち、拠点を上海や北京に移しやすくなることを助けるだけではないかということだ。

それゆえに遠藤は最初から「オキュパイ・セントラル（金融街を占拠せよ）」という戦法には疑問を投げていた。学生たちに任せ、学民思潮の黄之鋒が主張していたように政府総部がある金鐘での抗議運動に限定していれば、ここまでの打撃は受けなかっただろうと思う。東アジア第一の富豪と言われた香港の実業家・李嘉誠も、財産の半分を香港からシンガポールに移してしまったという。香港の勢いは削がれ、ますます中国中央の顔色をうかがっていないと経済生活が成り立たなくなっていく。

背後にアメリカのNEDがあると主張してきた中国は、香港の「金融街」を崩壊させることによってアメリカが中国に打撃を与えようとしているとも論じていたが、その背景には、ここで述べた金融界の変動と格闘があった。

ただし安富は、世界の金融センターになるためには、「言論の自由がなければならない」という。「強権と言論弾圧があるかぎり、絶対に世界の金融センターにはなれない」と主張する。執筆過程で遠藤が安富に投げかけた議論において、安富が展開した論理を、157ページのコラムで紹介しよう。

遠藤はこれまで「強権と言論弾圧による一党支配体制から腐敗は生まれているので、それをなくさない限り腐敗撲滅はできない」ことと、「言論の弾圧をやめたら中国共産党の一党支配体制は崩壊する」という自己矛盾を中国は抱えているという論理を展開してきた。その論理が、実は金融に関しても言えるという安富論は、実に興味深い視点だ。安富は元経済学出身でいながら、現在は哲学への造詣も深く、さすがに鮮やかな論理展開である。

その視点からいうと、そもそも「オキュパイ・セントラル」などという名称自身が実態に合致していないとも言える。

香港の「中環＝セントラル」という街路は金融街の中心地である。だからオキュパイ・セントラルとは「金融街を占拠せよ」という意味になる。

オキュパイ論のおおもとであるオキュパイ・ウォールストリートはまさに「金融街を占拠せよ」という名の通り、ウォール街を行進してアメリカ金融界を象徴するブル像周辺でデモを実施し、バンク・オブ・アメリカ（Bank of America Corporation）に立ち入ろうとして逮捕されている。その運動は全米各地に広がっていったが、いずれも主に金融機関の前で座り込みが行われている。

それならまだ話がわかるが、香港のオキュパイ・セントラル運動は金融のコアである銀行を攻撃の対象にしてもいなければ、中国中央およびそれに従う香港政府総部だけを狙い撃ちにしているわけでもない。

長官を真の民主的な方法で選べ、という主張をするのなら、その敵に的《まと》を絞るべきだ。

したがって、そもそも「オキュパイ・セントラル」という名称自身がおかしいのだが、やはりアメリカ流の論理を香港の若者たちの民主への渇望に刷り込んでいったことに、そもそもの間違いがあったのではないだろうか。

いずれにせよ、中国に言論の自由と真の民主がない限り、中国共産党による一党支配体制には、何をしようとも必ず限界が来る。そのことだけは確かだ。

香港の若者たちの自由と民主への叫びは、必ず何らかの形で結実すると信じる。

5　アジア情勢を揺さぶる新世代の本土化意識――新しいメンタリティ

香港新世代の抗議運動が影響した台湾「ひまわり」運動

第Ⅰ部第1章の3で書いたように、そもそも「一国二制度」というアイディアは、台湾統一のために思いついたものである。しかし鄧小平が改革開放路線を始めたあと、台湾の当時の蒋経国《しょうけいこく》総統に一国二制度による平和統一を持ちかけてみたところ、一言のもとに拒絶されている。さらに中国に対して「一つの中国」を誓って国交正常化に向かったはずのアメリカが、一方では台湾関係法を決議して台湾との交流を陰で進めようとしていたことを知った。

そのため鄧小平はやむなく、この制度をまずは香港返還とマカオ返還のために使うことにした。しばらく香港とマカオで実際に一国二制度を実施し、この制度がどんなに素晴らしいかを台湾に見せて、「それなら私たちも…」と台湾が言ってくれるのを、中国は待っていたのだ。

ところが香港では「50年間変えないと言ったのに約束違反だ」として、民主を奪っていく中国大陸に抗議をし続けている。

その意味では香港モデルは台湾統一のための見本にならなかったどころか、決定的な逆効果を示し続けていただけだ。

2012年に香港の若者たちが、思考まで洗脳され「大陸化」されるのに激しく抗議して、ついに「国民教育（愛国教育）」を廃案まで追い込んでいったことは、台湾の若者に大きな勇気を与えていた。遠藤が翌2013年に台湾の若者を対象に行った意識調査では、圧倒的多数が「最も嫌いな国」として「中国」を選んでいる。中国と台湾との統一をどう思うかに関する個別の質問では、ほぼ100％の若者が「絶対に反対」と回答した。さらに台北で何名かの大学生たちと食事をともにしながら香港に関しても話したことがある。

そのとき台湾の大学生たちは「香港の若者は実に勇気がある。台湾も馬英九が北京寄りだから、若者たちが頑張るしかない。大人は経済的に大陸との結びつきが大きいから、いつも大陸の顔色をうかがうようになった。台湾は私たちの本土だ。私たちは台湾人だ。何もかも金で動く大人たちや、馬英九の卑屈さには我慢がならない」と語っていた。その後、馬英九の支持率は7％という危険水域に落ち込んだことさえある。

若者たちは、香港の抗議運動を非常に敏感に受け止め、自分たちもいつかは行動を起こさなければならないと、真剣なまなざしで語っていた。

それが現実となって現れたのは、2014年3月18日の台湾学生たちによる「ひまわり運動」である。

台湾の立法院が「海峡両岸（中台）サービス貿易協定」を決議したことに対して抗議を表明した学生たちによって占拠されたのだ。

中台サービス協定とは中台間のサービス分野における市場経済開放を目指すもので、中国大陸の企業の乱入によって台湾の中小企業は大きなダメージを受ける。出版報道関係の企業が乗り込んでくることによって、台湾メディアまでが大陸化してしまう危険性もはらんでいる。香港の国民教育抗議デモを他人《ひと》ごとではない思いで凝視していた台湾の若者たちは、愛国教育と思想洗脳が台湾にまで浸透してくることを極端に恐れた。と同時に、香港の若者が勇敢に立ち上がり、愛国教育を撤廃させたところまで持っていったことに驚き、元気をもらっていた。特に当時まだ15歳だった黄之鋒が先頭に立ったことに驚き、自分たちが何もしてこなかったことを恥じていた。このことは2013年に行った台湾の若者の意識調査の聞き取りで、如実に表れている。

そのため国会会議場に相当する立法院を占拠し続け、最後まで抵抗を放棄しなかったのである。

このとき応援に駆け付けた市民から一本のひまわりの花が届けられた。

それがメディアで報道されると、一般市民の支持者から次から次へとひまわりの花が贈られてきて、新北市永和区にある花屋さんが1300本ものひまわりを送ったことから「ひまわり運動」と呼ばれるようになる。

馬英九は譲歩しなかったが、馬英九と対立する（国民にも人気のある）王金平・立法院長が馬英九政権の関与を排除し、これは「立法院内の問題だ」として学生側に付いた。王金平は「台湾独立も選択肢の一つ」と発言したことがある人物。国民党の中にも二派あり、親中派と「台湾本土化派＝独立派」の二つに割れている。王金平は「台湾本土化派」だ。

本土意識とは何か？

雨傘革命をより深く理解するためにも、ここで「台湾本土化」とは何かをご説明したい。台湾には「外省人」と「本省人」の区別があり、外省人は1949年に国共内戦に敗れた国民党軍が台湾に逃げてきた際に、当時の蔣介石総統に伴って台湾に上陸した人々のことを指す。この「省」は、中国大陸にある河北省とか吉林省とかの行政区分の「省」から来ている。「本省人」とはもともと台湾に住んでいた人々のことで、現地住民には族群（エスニシティ）と、古代より長い時間をかけて大陸から台湾に渡った「台湾人」（したがって台湾で生まれた人々）の2種類がある。本省人は（第二次世界大戦終戦という意味での）戦前から台湾に住んでいた人々で、これを外省人に対して「本土人」と呼ぶこともある。

「台湾本土化」という概念が出始めたのは、1971年に中華人民共和国（現在の中国）が国連に加盟し、中華民国が国連を脱退して、「中国」の代表として国連が中華人民共和国を認めた瞬間からくすぶり始めていた。

留学生教育の現場では、台湾から来た留学生が、入国あるいは教育機関に在籍する際に「中国（台湾）」として区別されることへの屈辱を抱いていることを痛感した。日本もアメリカも中国と国交正常化をしたときに「一つの中国」を認め、「中華民国」との国交断絶を余儀なくされたための位置づけだ。

一方、台湾で特異な現象に遭遇することがある。それは、国民党軍が台湾上陸したあとに起こした（2・28事件などによる）現地住民（本省人）に対する残虐極まりない弾圧行為に対して怒りを覚えている高齢者が、「民度」の高さにおいて、日本を懐かしむ傾向にあることだ。ご老人が日本語を話せることは、かつての日本の植民地政策の結果なので、それは本来なら屈辱的なはずなのだが、ある意味の「誇り」を日本語能力の高さに抱いているのである。

これはちょうど、香港の民主党主席だった李柱銘がアメリカ議会で「香港はパッテン総督のときのように、欧米式のスタイルで統治されるべきだ」と言った言葉に代表される感情に近い。

それは香港新世代においても新しい形で芽生えており、中国大陸から雪崩《なだれ》を打ったように香港にやってくる大陸の中国人に対して抱くさまざまな反感、特に「民度」に対する嫌悪感につながっている。中国大陸ではほぼ当然の光景だが、たとえば道路に唾を吐くとか、子供に道端だけではなく電車の中でさえ平気で用を足させる風景は、香港新世代にも耐えがたいものとして映るだろう。

台湾の場合は李登輝・元総統が着手した民主化により、1996年に初めて総統の民主的な直接選挙が行われ、国民党の独裁に完全なピリオドが打たれた。それ以降に生まれたか、あるいはそのときに物心がついていた世代は、この台湾をこそ「自分たちの本土」と位置付け、「台湾本土化」というよりも、「台湾本土意識」を当然のこととして心に持ち始めた世代なのである。2013年に遠藤が台湾で独自に行った意識調査で、「台湾本土意識」の大きなうねりを痛感した。

奇しくも1997年の香港中国返還という分岐点と、1996年という台湾選挙民主化の年とがほぼ一致している。

そのため香港新世代と台湾新世代の価値観、メンタリティは一致しており、自分が生まれ育ったその場所を「自分の本土」と意識しているのである。そしてその「本土」において生きていく精神性が中国共産党の思想によって「汚染」されたくはないという、強烈な信念を持っている。

この二つの相似形のような新世代は、「小さいながらも」独立した「民主主義的な都市国家的概念」で自分が生きている空間を位置づけ、そこを侵されまいとバリケードを張っているのである。

雨傘革命の影響で台湾独立派躍進

解説が長くなったが、ひまわり運動の若者たちの味方についた王金平は、台湾（高雄市）生まれの本省人。国民党に所属しているが、親中派の馬英九とは対立している。

王金平の「台湾本土化意識」は、新世代が持っている「台湾本土意識」とほぼ同じで、「化」という文字がないという世代間ギャップはあるものの、「台湾を本土とみなす」点で認識を共有している。だからこそ王金平は若者を説得できたのである。

彼は若者に対して、立法院における自らの主導で、与野党間の協議を行う意向を見せ、「学生たちが求めている立法院などの監視機能を定めた法令案が法制化されるまで、サービス貿易協定の審議を行わない」と表明した。学生たちの間からは歓声が巻きあがり、王金平の「その代わり、議場から撤退するように」という提案を受け入れた。ひまわり運動の代表者は、学生たちに「この段階における、われわれの任務は達成した」と宣言して、4月10日に立法院から退去した。

なんという、きれいな終わり方だろう。

運動の展開の仕方がみごとだ。

市民生活を脅かされていない一般市民たちは、他の若者とともに立法院の前に大挙して集まり、立法院を占拠する若者たちを応援した。これも台湾政府への大きな圧力になったはずだ。

台湾市民は香港の一国二制度モデルが「いかに劣悪なものであるか」を、雨傘革命突入により、まざまざと目《ま》の当たりにし、第二の「香港」になってはいけないとばかりに、次の大きな政治舞台で、決定的な選択をする。

2014年11月29日、台湾で行われた統一地方選挙で、北京寄りの国民党が惨敗したのだ。香港ではチャイナ・マネーが「民主」を買ってしまったが、台湾では通用しなかった。香港デモが一国二制度の危なさと虚構を示したことが、最大の原因だ。だから台湾独立派の民進党が躍進する結果を招いた。

中国政府にとって、これ以上の痛手はないだろう。

これで悲願の台湾統一は遠のくばかりだ。

その意味では香港で発生し続ける抗議デモは台湾統一を不可能にし続けることはあっても、決して中国が望むように「香港モデル」は台湾統一のためのモデルにはなり得ない。

改革開放以来、中国政府は台湾経済が深く大陸に食い込み大陸なしには成り立たないようにするために「中華人民共和国台湾同胞投資保護法」という優遇策を台商（台湾商人）に与えて、「以経促統」（経済交流を以て統一を促進する）政策を強化してきた。

この政策にすっかり乗っかってしまったのは2008年に総統に当選した馬英九である。

2010年には大陸との自由貿易協定である「両岸経済協力枠組み協議（ECFA）」を締結している。中台サービス貿易協定の調印は、香港と同じように、台湾が徐々にチャイナ・マネーによって浸食されていくことに対する危機感を台湾国民に与えたのだ。

6　ジミー・ライの根性と意地

ここで活躍した重要人物が一人いる。

中国政府に言わせれば「千古の罪人」「売国奴」とのことだが、長い歴史のスパンから見れば、歴史は彼を「中華民族の英雄」と位置づける日が来るのではないだろうか。

その人の名はジミー・ライ（梁智英《りょうちえい》）だ。

中国政府がオキュパイ・セントラル運動の背後にいた者の一人として名指しした人物でもある（第Ⅱ部第6章にインタビューを掲載）。

中国政府はジミー・ライの背後にはさらに民進党がいるという。

ジミー・ライの生涯を簡単にご紹介する。

1948年に中国大陸の広東省で生まれた黎智英は、1960年、12歳のときに香港へ渡った。現在の中国（中華人民共和国）が1949年に誕生すると、父親は香港に逃げてしまい、母親は思想が悪いとして労働改造所にぶちこまれたので、まだ幼かった黎智英は、姉妹の生活の面倒を見るため、港で荷物を運搬する苦力《クーリー》（肉体労働者）の仕事をした。そのとき香港から来た旅客が賃金の代わりにチョコレートをくれた。そのあまりの美味に驚き、香港はきっと夢のような世界にちがいないと思い、マカオから泳いで香港にたどり着いた。

やがて定職に就いたが、会社の厳しい過失処分に懲りて自分でファッション店を創業し、1989年に天安門事件が起きると、胸に抗議の言葉を書いたTシャツ20万枚を、天安門事件抗議デモに参加する香港の若者たちに配った。このことから政治家と接触するようになり、民主党の元老、李柱銘らと知り合う。

1990年に『壹週刊』(Next Magazine, Taiwan)という台湾情報を伝える週刊誌を創刊し、95年には『蘋果日報(アップル・デイリー)』を創刊。2003年になると台湾でも「台湾アップル・デイリー」を創刊するなどして、2010年には「中華民国」の市民権を取得した。

中国共産党の機関紙「人民日報」や中国政府の通信社「新華社」は、「ジミー・ライが台湾民進党の前主席である施明徳と陰謀して、占領中環(オキュパイ・セントラル)を推し進めた」と断罪している。

中国政府によれば、「香港が乱れれば、2014年11月29日に台湾で行われる統一地方選挙に影響を及ぼし、国民党のように中国大陸と仲良くして一国二制度などを遂行されたら悲劇だと台湾国民に印象付ける。それによって国民党が大敗するように持っていくというのが、ジミー・ライと民進党の狙いだ」というのである。

その真偽のほどを追いかける意味を感じないが、もしジミー・ライの背後に台湾の民進党があったのだとすれば、その目的は十分に(そして立派に!)果たされたと言えるだろう。

12月2日に、台湾の国民党党首でもある馬英九が、統一地方選挙惨敗の責任を取って党主席の座を辞任する意向を表明した。これにより、2014年前半に噂されていた中国共産党と台湾国民党の党首会談の可能性はなくなり、中国が改革開放以来描いてきた中台統一へのロードマップは断ち切れてしまったと言っていい。

香港への高圧的な姿勢と民主への弾圧は、思いもかけない形で中国中央に跳ね返ってきている。チャイナ・マネーがどんなに強くとも、最後に生き残るのは「金」ではなく、「人間の尊厳」と「自由と民主」でなければならない。

それを雨傘革命は世界に示したのである。

colum

自由のないところに国際金融中心地はできない

安冨 歩

フランスの偉大な歴史学者フェルナン・ブローデル（Fernand Braudel:1902-1985）は、その大著『物質文明・経済・資本主義』のなかで、「資本主義」の本質について次のように指摘した。まず全ての経済現象は、人々の日常生活を基盤とする。これを「物質文明」という変わった名前で呼ぶ。人々の生活と生活とをつなぐものが市場である。中国の郷村などがそうであるが、人々はそれぞれに畑を耕し、家を建てて、子どもを育て、暮らしており、彼らは週に一度開かれる近くの定期市にいって、財サービスのみならず情報の交換を行う。このような空間を彼は「経済」と呼ぶ。それゆえ市場経済は、必然的に地域的なものである。

これに対して「資本主義」は、地域市場と地域市場とをつなぐ空間に生成する。このような空間を彼は「世界＝経済」と呼んだ。「世界＝経済」は世界経済ではなく、ヨーロッパ世界・中華世界・イスラム世界というような範囲を覆う全体性をもったひとつの世界に形成される経済のことである。

個々の地域的市場同士が相互に連結するようなネットワーク的構造をとることはあまりに交換効率が悪いため、かならずどこかに中心を必要とする。ブローデルの言う資本主義はその中心に形成される巨大な金融のなかに出現する。その中心は、地中海が重要であった時代にはジェノバやヴェネチアにあり、バルト海が重要になると両者をつなぐジュネーブやリヨンに移動し、アメリカが出現するとアムステルダムを経てロンドンへと移った。最後に第一次世界大戦でヨーロッパの比重が下がり、日本や中国が世界経済に参加すると、中心はニューヨークに移動した。

ヨーロッパに形成された「世界＝経済」においては、金融・商業を牛耳る大商人はヨーロッパ世界の全体を相手に活動していた。一方、政治権力は国民国家という枠組みに制約されており、地域的にしか活動しない。それゆえ、政治権力の圧迫が強まると、資本は逃げ出すことができる。ブローデルはこの権力の地域的分散を、経済発展の重要な条件だと考えていた。

一方、「帝国」は違う。中華帝国でもイスラム帝国でもどこでもそうなのだが、政治権力は中華世界やイスラム世界の全体を覆っている。それゆえ如何なる大商人でも、その権力の範囲を逃げ出すことができない。そうなると、金を儲けすぎると、権力に目をつけられて財産を奪われてしまったり、一族郎党皆殺しにされてしまったりするのである。あるイスラムの大金持ちはある日、いきなり逮捕されて自分の大邸宅の入り口で縛り首にされてしまったが、その罪はというと、金持ち過ぎたことだった、とブローデルは書いている。

となると金持ちが考えることとは、その財産で権力に取り入り、そのなかに入ることになる。つまり自らが、帝国の官僚になることを目指すのである。或いはまた、財産を隠匿し、バレないようにすることに、全力を挙げる。

これに対してヨーロッパ「世界＝経済」における金融中心都市は、常に、その時代で最も自由な空間であった。ヴェネチアでもアムステルダムでもロンドンでも、まばゆいばかりの大金持ちが暮らしており、それ以外の人間にとっては、賃金も高いけれど物価はそれ以上に高く、暮らしていくのは大変であったが、それでも知識人や芸術家を常に惹きつけていた。それはそこが自由だったからである。金融中心都市というものは、このような自由が惹きつける資本と文化とによって維持・再生産されるものである。

さてこのようなブローデル的観点からすれば、今回の雨傘革命はどのように見えるであろうか。中国共産党政権は、遠藤が描いたように必死になって金融中心地を北京や上海につくりだそうとしている。しかし、それは叶わぬ夢である。というのも、そこには自由がないからだ。

それどころか、政治体制改革を後回しにした結果、中国社会の生み出す経済的価値は滔々とブラックマーケットに流れ込み、そこから香港やマカオを経由して、海外に流出している。その額、毎年40兆円に及ぶと遠藤は言う。それは「愛国心の欠如」などの問題ではない。中共が作り出してしまった「帝国」がそのように仕向けているのである。遠藤が薄熙来事件を解明した『チャイナ・ジャッジ』に描かれているように、薄熙来は多くの企業家を逮捕投獄し、その財産を奪っている。このようなことの起きる可能性のあるところに、資産を蓄積する馬鹿はいない。

また、遠藤が『チャイナ・セブン〈紅い皇帝〉習近平』で描き出しているように、天安門広場における民主化運動を「動乱」と位置づけ暴力で破壊してしまったために、中国共産党は、強権と言論統制とを維持したままで、経済活動だけを過剰なまでに自由化した。その結果として生じた「腐敗」は、人心の問題ではない。それは「帝国」そのものの抱える構造的問題なのである。ところが習近平政権は、強権と言論統制とによって生じた腐敗に、強権と言論統制とを強化することで立ち向かおうとしている。これはそもそもが論理矛盾である。

それは金融についても同じことであり、ありあまる資金を投入して国際金融の中心地を上海や北京に持ってこようとしているが、無理な相談である。そのやり方では巨大な「人民元経済圏」を創り出すことはできても、さまざまの通貨圏の間を取り持つ中心の機能を果たすことはできない。そこには自由がないからである。むしろ「人民元経済圏」が拡大すればするほど、「ドル圏」「円圏」「ユーロ圏」などとの接点の重要性が高まり、香港の機能を必要とすることになるだろう。

1980年代には世界経済の中心が、ニューヨークから東京に移動するかに見えた時期があったが、それは実現しなかった。というのも、日本がそのような役割を自ら拒絶してしまったからである。東京はあまりにも規制が強く、官僚の力が強すぎ、文化的にも国際性・多元性を欠いており、国際金融を惹きつけることはできなかった。むしろ香港やシンガポールがその機能を担うことになった。

香港が、今後も東アジアの国際金融機能を担うためには、なによりも自由を守る必要がある。ところが中国共産党はその自由を、香港人がなによりも大切だと考える核心的価値を、金と力とを振り回して踏みつぶそうとしている。今回の雨傘革命は、その自由に対する脅威への人々の反抗であった。それは「オキュパイ・セントラル」と金融街を標的とするようなスローガンを掲げていながら、実のところ、国際金融都市としての資格を守るための戦いですらあったのである。

第Ⅱ部　バリケードの中で人々は何を考えたのか

第5章

香港が香港であり続けるために
——香港と日本のハーフが見た雨傘革命

伯川星矢

香港の未来に不安を感じている若者たち

私は１９９２年生まれの日本人と香港人のハーフで、香港で生まれ、18年間香港で就学し、大学進学の際日本にやってきた。ハーフとはいえ、わが家は国籍以外まったく香港の一般家庭と変わらずに、両親は共働きで、中産家庭の生活を送っていた。学校も、ローカルの幼稚園、小学校、中学校（高校）に進学し、卒業した。香港人学生と同じように、宿題に追われ、試験に追われ、休みは友人と出かけ、風邪気味になったときは漢方スープを飲む。そういった日常が当たり前であった。

香港生活が長いほど、香港の生活習慣や考えが染みこんでくる。お金に対する執念、損を徹底的に嫌がる感情、文句が多いこと……。これらは皆、香港人によくある「感情や態度」である。われわれ90年代生まれの人間にとって、こういった感情や態度には慣れているが、心のどこかでそれらに不満があるのも確かだ。例えば香港でホテルに勤務している同年代の友人から聞くと、ホテルで一番嫌われる客が香港人であった。なぜかというと、些細なことで大騒ぎし、注文や文句も多く、外国と香港を比べるのが好きで、そして何が起きてもすぐ「マネージャーを出せ!」と叫ぶからだという。友人はいつも「香港人は面倒くさい」と、お酒を飲みながら延々と話していた。

先日香港に住む女性の友人の相談にのった。彼女はDSE（香港の大学入学統一試験）で失敗し、決してよいとはいえない成績で卒業した。多くの会社を面接し、ようやく2カ月前に初の契約社員になった。就職できたのはいいが、彼女の月給は1万ドル未満（15万円以下）。自分一人で生活していくぶんには足りるかもしれないが、彼女は一人っ子で、そのうち退職する両親も養っていくことになる。学歴がない彼女は今後の昇進は難しい。資格取得コースは高額で、生活のためにただ何も考えず働くしかない。「何をやっても安心感を得られない」と彼女は言った。それは香港の若者に共通する悩みではないだろうか。

私の友人には学生もいれば、就職した人も大勢いる。学生はよりよい就職環境を求め大学や専門学校に行き、社会人になった人はより多くの収入を求め残業・転職を繰り返す。未来への「希望」を見出せず、今の「生活」に苦しんでいるのが現状だ。もちろん裕福な家庭に育ち、両親とともに暮らす人もいれば、実家を追い出された人もいる。それぞれ異なる背景を持ちながら、今後の香港に不安を抱いていることに変わりはない。

新旧両世代の葛藤

かつて香港には「遍地黄金（まんべんなく黄金が落ちている＝チャンスがどこにでもある）」と言われた時代があった。１９５０年代から70年代くらいまでのことである。

１９４９年の中華人民共和国の誕生、１９６６年から77年の文化大革命などの影響で、中国大陸から本土人が大量に香港に逃亡してきたが、当時の香港は工業化がまさにこれから始まろうとしていた時期で、社会福祉制度も不十分ななか、人々は貧しく、日々厳しい肉体労働に明け暮れた。

だが、その貧しい生活の中、人々は多くのビジネスチャンスを掴み取り、一躍億万長者になった人も多くいた。例えば世界富豪の8位である李嘉誠《りかしん》や、24位である李兆基《りちょうき》などの世界的大富豪はこの時代に起業した人たちだ。人々は「頑張って働けば誰でも億万長者になれる機会がある」と信じ、全力で働いた。その結果、香港は軽工業都市に変わったのだが、その行動力を「獅子山精神」と呼び、その時代を「獅子山時代」と言うようになった。

獅子山（Lion Rock）とは九龍半島と新界の間にある標高４９５メートルの山で、その南の九龍はかつて人口密度が高く、居住エリアでもあり、工場も多く存在した。その地域は当時の典型的な香港社会を反映していたといわれている。「獅子山精神」という名前の由来は香港電台（ＲＴＨＫ）が作成した「獅子山下」という、香港の普通の人々の暮らしを描いたテレビドラマで、そのドラマの主題歌も「獅子山精神」という題名だった。

だが、1970年代には古き良き時代は終わり、香港は金融都市となっていく。生活環境も水準も大きく変わった。多くの家庭は「中産階層」に所属するようになった。かつてに比べれば、経済的に大きな困難を抱えることなく暮らせるようになり、お金がなくて進学できない、という人も少なくなった。それにつれて「頑張れば変わる」や、「金が儲かればいい」という考えはだんだんと支持されなくなり、経済的なことよりも社会的な問題や精神的なものに関心が移っていく。80~90年代に生まれた人たちは精神的にそのような傾向があるとさかんにいわれるようになり、メディアは彼らを「Y世代」、旧世代を「X世代」（獅子山精神の時代に生まれ育った世代とほぼ同じ）と呼び、価値観の違いや行動の違いを取り上げた。

2014年の雨傘革命の発生により、一部メディアは「Y世代」の若者たちの精神を「新・獅子山精神」と呼び始めた。いずれにしても、彼らに特徴的なのは、自由の追求、民主主義の実践、経済的なものよりも精神的な目標を求めること、教育レベルが高いことなどで、社会問題や政治に関心も強く、実際に学生運動も多々起こるようになった。彼らは前の世代よりも豊かな家庭で育ってきた。だが、大学や専門学校に進学したり、社会に出るようになって、高い物価、高い家賃、高いストレス、そして低い賃金という「三高一低」に苦しむようになった。それが彼らの政治や社会への関心を強めているといえるだろう。

雨傘革命はまさにこの、新旧思想の衝突ではないかと考える。

学生主導の運動に対立する立場にいるのは職を持った大人たち。「唔好阻人搵食啦《ンーオウツォーヤンワンシェッラー》（仕事の邪魔をするな）」や、「唔好搞亂香港既繁榮穩定《ンーオウガウリュンホンコンゲッファンウェンウャンデン》（香港の繁栄と安定を乱すな）」など、反対する人々は常に自分の稼ぎに影響すると理由づけ、学生たちを否定する。これはある意味「獅子山精神」の表れである。「経済が一番、家族を養うことが一番、生活が一番だ。その他は全て二の次だ！」。今の学生は明らかにそれに賛同できずに、街へと出ていった。それがやがて雨傘革命へと発展した。

誰のためにある香港？

「誰のために香港はあるのか？」。この問いに対して、答えは「香港人に決まっている！」と言いたいところだが、必ずしもそうではない。以前日本では、鳩山由紀夫元首相が外国人参政権についてこのようなコメントを残したことがある。「日本列島は日本人だけの所有物じゃない」。それは、日本に居住するさまざまな人たちに、参政権が与えられるべきだ、という考えで発した言葉だが、香港では、それとは違う意味で「香港は香港人だけの所有物じゃない」という言葉が突きつけられている。

2003年、中央政府は「大きなプレゼント（大禮）」を香港に贈った。大陸からの旅客の「自由行・個人遊（Individual Visit Scheme）」であった。この「自由行」は香港に多大な収益をもたらした。中国のメディアによれば、香港に毎年1000から1500億ドルの利益を生んでいる（『大公網』2012年6月25日）。だが、一方で、香港と中国の矛盾を激化させてもいる。

香港は「高度な自治権」を享受し、独自の入国管理が許されている。だがこの自由行では、香港側に一切決定権がなく、中国地方政府が発行した通行書と入国条件を満たせば、香港は入国拒否することができない。つまり香港の入国管理権が実質奪われていることになる。2013年11月の時点、中国大陸からの旅客数が約3686万人。香港の人口はわずか723万人。人口の約5倍の大陸旅行客が香港政府の同意なしで香港へやってきている。これほどの多くの人々が大陸からやってきて、香港社会は変わってしまった。

香港へ入ることが容易になると、大陸の人達はこんどは香港人という身分を求めるようになった。大陸の妊婦は香港で出産するためなら手段を選ばない。なぜなら香港で子どもを産めば、政府に生活保護を申請することができるからだ。当然それは家庭の収入源になる。そして後になって、香港で子どもを育てることを理由として、両親も香港定住申請を行う。一家揃って香港人となるわけだ。ちなみに大陸からの妊婦の入院料金不払い額が2億2000万ドルに達していて、最終的に税金でまかなっていることも明らかになっている。

大陸旅行客が増えたことにより、香港人と大陸人との葛藤や対立がさらに激しくなっていった。一部旅行客の「不文明な」（マナーの悪い）行為に激怒する香港人が多くなったことが一つ。物価や賃金が高騰し、大陸からきた人の犯罪率も徐々に上がっていったことも暗い影をさした。やがて2014年2月、フェイスブックグループ「反赤化・反殖（植）民」が尖沙咀《チムシャーツァイ》の廣東道（カントンロード）で「廣東道驅蝗行動（カントンロードイナダ駆除運動）」といったデモを起こし、中国人旅行客を追い返す事態まで起きてしまった（イナダは中国人旅行客のこと）。

具体的に例を挙げてみよう。私自身、香港が自分の場所でないことを実感するのは街に出たときだ。私が育ったのは香港北区の上水《シャンシュイ》という街で、イギリス植民地政府が開発した「ニュータウン」であった。香港の最北端でもあって、中国深圳《しんせん》につながるゲートも電車でたったの一駅。区内は市場、運動場、ショッピングモール、病院、学校といったあらゆるインフラが揃っていた。そして原居民（先住民）の集落もあったので、中国の伝統的な「ショップハウス建築」も多々見られる。先端的なショッピングモールと伝統的なショップハウス（店舗と住居が一体となった建物）が混在した街で私は育った。だが、ここ数年で大きな変化が訪れた。それが中国人旅行客の存在だ。日に日に購買力を増していく中国人旅行客、そしてその旅行客に向けた商売が徐々に増えて、上水という場所の社会形態も変わりつつある。

香港全体で、２００４年から２０１３年化粧品店の新規開店率がなんと15倍に達していて、その他靴屋、宝石店、電気屋、薬屋などの旅客向けの新規店舗が多くなっている。だが、一般の人の暮らしに必要な一般の食料品店、家庭用品店、本屋や文房具屋などの店舗は25％以上減少したことが明らかになった。

まさにその数字どおりのことが上水で起きている。もともとあった生活必要品を取り扱う店舗が少なくなり、ショッピングモールなど旅客向け高級店が増えた。小さい店舗は倍以上になった従業員の賃金を支払えずに閉店、その空いた場所に高級店や薬屋などが入り、ますますこの場所は「（中国）帰国前の最終ショッピング地点」と化していった。

写真は上水駅に隣接する石湖墟（Shek Wu Hui）という墟市（元市場）である。ここの一部のショップハウスが買い取られ、その上に直接ショッピングモールを建てられてしまった。もちろんモールの中は地元香港人が買い物するような場所ではなく、旅行客向け仕様になっている。そのうえ、ここ石湖墟の多くの店舗が薬屋や化粧店になってしまい、街は大きく様変わりしてしまった。

これは上水に限ったことではない。香港全体が大陸旅行客向けのショッピングモールと化してしまい、一体香港は誰のためにあるのか、という疑問が浮かび上がってくる。ここにあるのは、「中国人のための香港」である。

上水駅に隣接する石湖墟（Shek Wu Hui）と呼ばれる墟市（元市場）。ショップハウスの隣りにあるショッピングモールが圧倒的な存在感を示している。

トラベルケースと段ボールが中国人観光客のトレードマーク。

若者たちの声を聞く

では、実際に若者たちは雨傘革命についてどう考え、何を感じていたのだろうか。それを知らせたいと思い、私の友人たち3人にインタビューした。

Interview 1　占拠に反対した大学生

最初にインタビューの応じてくれたのは香港某大学の学生、アンディさんだ。彼は私の2歳年上の24歳。現在大学6年生で専攻は医療関係。英語力が高く、私もいつも彼に助けてもらっている。

――今回の雨傘革命に参加しましたか?

アンディ――香港人として、学生としてもちろん占拠区に行って何が起きているのかは確かめた。真の普通選挙の追求には賛同するが、でも占拠してはいけないと思う。

――では実際占拠によって何か影響を受けましたか?

アンディ――もちろんあります。特に出かけるときは不便だった（筆者注：彼はプリンスエドワードロード・イーストに住んでいて、占拠区であったネイザンロードとは近い）。友人との関係は幸い何ごともなかったが、やはり暗い気持ちになるよ。絶望したとも言える。警察の対応に失望したし、一部の人たちの無鉄砲な行為にもがっかりした。そして何より香港人自身が団結せず、お互いに攻撃しあって、最終的に香港の「核心的価値」だけが傷つけられ、何も得ずに運動が終了した。

――「核心的な価値」とは一体何ですか？

アンディ――私にとっての「核心的な価値」とは法の支配、つまり法律を守ること。それが最重要だと思う。現実はゲームのように、自分が正しいと思ったことをやればよいというわけではない。間違いを起こせばそれ相応な責任を負わなくてはいけない。戴耀廷《たいようてい》などが言う「後から自首すればいい」というものではない。法の支配は法を犯さないことが重要で、犯してから自首するから問題はないというわけにはならない。それと、今回の運動には「理性」がないと思う。当然警察の対応には問題があったけれど、デモ参加者だって必要以上に警察を挑発し、マナーがないように思えた。

――確かに一部の参加者はマナーがなかったけれど、でも多くの学生が運動を支持しているなか、あなたのような「違う意見」は学内で孤立させられませんでしたか？

アンディ――そんなことはないよ、意見を話すことは問題なかったよ。ただ話にならなかった。それは皆自分の考え以外に受け入れようとはしなかったから。たとえば「指名委員会の構成が全員直接選挙だったら受け入れられる？」と聞いても、「いや、指名委員会が存在するなら受け入れない」という答え。これじゃ話のしようもないではないか。大学は独立思想を養う場所、けれど私が今回見たのは他人の主張を分析もせずに自分の主張とする人たちだ。それに、お互いに根本的な価値観の違いがあって、話したくても話せなかった。その他、自分はストライキに参加する予定はなかったのに、同じクラスの学生が勝手に教授に全員分のストライキ参加申請を送り、不参加者の意見を聞こうともしなかった。そういう点で話ができなかったと思う。

――指摘している問題は今の大学生にかぎったことではなく、香港全体でそのような傾向が見られると思う。じゃあ、もう香港から出ていきたいと思いますか？

アンディ――まだここで生活ができるのに、なぜ離れないといけないの？ 現実の話、われわれには行き先がないし、言い換えれば移民が難しいから離れられないかもしれない。例え移民してもどうやってその国に貢献できるかもわからないし、少なくとも今、移民しようとはしない。

――話が戻りますが、法の支配はもちろん基本法に基づいています。ただ、そもそも今回の運動はその法を犯してまで真の普通選挙を求めたわけです。真の普通選挙と基本法、両者に矛盾はないでしょうか？ 極端な話、基本法は撤廃させるべきという考え方もありますが。

アンディ――そもそも基本法を撤廃する必要はない、なぜなら基本法は変えられるから。やり方を変えれば、現在の制限の中でも十分普通選挙ができると思います。例えば指名委員会が全員普通選挙によって選出されるか、委員会自体が立法会と区議会の議員によって構成されるとか、あと今提唱されている「白票守尾門（行政長官選挙の際、市民の白票率が過半数の場合、指名委員会に再度候補者選出の要請を出す案）」など。何も絶対に指名委員会を廃止しないと真の普通選挙を得られないわけではない。

――なかなか建設的な案だと思います。これでなんとか現状打破できるといいですね。では最後に、運動全体を通してどう思いますか？

アンディ――確かに希望があったけれど、同時にマイナスの影響もあった。結果のみ見ると、代償が余りにも大きすぎた。「法の支配」そして警察と市民関係の破壊、社会の分裂、団結の崩壊、このような代償を払っても何も進まなかった。正直未来が怖い……。香港人の極端な個人主義、ネット民の「審判」、法を犯しても問題ないという世論。今後の社会運動がどう発展するか予想もつかないし、その内暴動になって爆弾を使うようになってもおかしくない世の中になってしまうのか……。今言えるのが、この運動の無組織性、マルチダイレクション（多方向性）が皆の辛抱、期待を消耗し切ったことだと思う。

アンディの意見はある意味現実的な香港人を表していると思う。現在の香港では「法の支配」こそが「核心的な価値」とされている。香港がなぜ外国の投資者から人気があるかというと、その理由の一つとしてあげられるのが「法律の健全性」である。中国の法律が信用できなかった外国資本は、イギリスの法律が整った香港を投資先と定めた。返還が決まったあとも香港はその「独立した法律制度」を保ってきたからこそ、今の繁栄が維持されている。そういう考えは彼のみならず、多くの若い香港人が小さい頃から叩き込まれた思想の一つでもある。「法の破壊は香港の繁栄を奪う」、このような考えを持つ香港人は数多い。

だが、彼のような占拠反対者は学生の中では少数派であり、運動支持者と反対者の真ん中に立たされる。お互いの極端な思いにより、彼らのような「中立的・理性的」な意見は孤立する可能性がある。現在フェイスブックでは政治に対する考えが合わない人同士でのアンフレンド（絶交）が多く行われている。彼のような意見はこの両派の流れ玉にあたり、実際彼の友人が（彼も友人から）アンフレンドされた。そういう意味で、「話し合えない」ことは今後の社会環境、そして民主化運動に大きな懸念がある。
彼の分析は悲観的にみえるが、実際筋が通った「理性な判断」でもある。現在設けられた制限の中で最大限の努力をするというのが彼の提案だ。香港に愛着があるゆえに、「核心的な価値観」を守り、常に理性的に香港を繁栄へと導く。一見保守派的な考えにもみえるが、香港人はずっとこのように「今」を生きてきたのである。

Interview 2 運動の支援に参加した大学生

次にインタビューに応じてくれたのは中学時代の親友、陳誠彦（ベニー・チャン）、22歳。中学（高校）時代にすでに民主化運動に参加している彼はこれまでも多くのデモに参加し、現在大学に通いながら畑作にも励んでいる。学生運動発生時最前線補給ステーションで支援活動を行っていた。

――どういう経緯で運動に参加しましたか？

陳――最初僕は「学聯」（香港專上學生聯會：ＨＫＦＳ）の呼びかけに応じて、9月22日からストライキに参加していました。そのときはすごく平和な空気だったけれど、その後状況は一変した。9月27日警察が催涙スプレーを使ったと友人から連絡を受け、自宅にいた自分は朝一番に香港島にある政府本庁に行き、その後深夜1時まで残りました。その日は街中が緊張した空気に包まれていて、いつ警察が強制退去を行うかわからないという恐怖に怯えていた。9月28日、警察が初めて催涙弾（バズーカ）を使ったという情報を聞き、父親と友人とともに現地に向かった。そのときはすでにストライキの頃の平和は完全に失われていました。そんななか僕たちは事前に買ったマスクや、アルコール消毒液などの物資を必要としている人に配った。当時のデモの写真を見ると、人々が座っていて、平和そうに見えるが、僕が行ったときは違った。座っている人なんていなかったし、いつ警察が「攻めて」くるかわからないなか、僕たちはただただ前へ歩いた。そしてコーズウェイベイに到着し、周りが安全になったことを確認してから、父親を連れて帰宅した。

――本当に一番危ないときに行ったんだね。それからも占拠区に行き続けたの？

陳――当然だ、まあ授業もあって丸一日はいれなかったけど……。授業が終わったら必ず行っていたよ！　ただその頃はまだテントとかなくて、そのまま地べたで寝たこともある。けっこう辛かった。その後、他の運動で知り合った友人と一緒に物資ステーションで手伝うことになった。

――物資ステーションってなにをするの？　ただ物を配ればいいの？

陳――物資を分け与えることはもちろん、市民からもらった物を分類して、他のステーションに移送することがメインの仕事。僕がいたところは「危険な立地（警察の出入りが激しい）」で、いつ警察に没収されるかわからなかったから、集めた物を分類して、他の場所に移送したらステーションを閉めたよ。でも次の日にはゴミ分別のボランティア活動に移ったよ。未使用のマスクとかコート、このような物資が多く捨てられていたからな。

――警察との関係はやはり緊張していた？

陳――警察が大勢に集まると、そりゃ緊張が高まるよ。ただ本庁前にいた警察とは結構普通に話をしたよ。「こういう対応はさすがにきついよ」とか、占拠の意見も聞いたりしていたよ。でも運動が長引くほど、警察との関係が悪くなったよ。

——てっきり警察とはずっと緊張した関係が続いていたと勝手に想像していたけれど。公民広場に入った学聯のメンバーたちが逮捕され、しばらく運動の指導者がなくなって、参加者に戸惑いはなかったの？

陳——うん、戸惑いはなかったよ。そのとき皆「警察の強制排除を許すな！」との一心だった。身内で混乱は起きなかったよ。けれども「大台（メインステージ＝指導者）」が明確な目標を持たなくなったら、運動自体の方向性が失われる。政府は賢いよ、解決策も、答えも、行動も起こさなかった。わざと時間稼ぎして参加者を混乱させようとしたのだ。

——あなたにとっての目標とはなんですか？

陳——僕の目標は「公民覚醒」だ。もちろん真の普通選挙も大事だけど、選挙もただの手段でしかない。いかに人々が社会づくりに参加するかが重要だと思う。人々が地域社会に参加し、問題を認識して、解決に挑む、それが「公民覚醒」。これがないとたとえ普通選挙が実現されても意味がない、なぜなら選択する知恵がそなわってないから、結果的に今のような行政長官がまた選出されてしまう。

——すごい目標だ。確かに公民意識が覚醒しないと選挙を行う意味がない。それではあなたの目標は達成されたと思いますか？

陳——ある意味達成したと思うよ。僕がいた金鐘（アドミラルティ）は何もなかった車道から、一つの「社会」が誕生した。住民（占拠民）が互いに相談して、どこにテントを張って、どこにゴミ箱を設置するか、どこに自習室を建てるとか決めていく。もちろん意見が合わないときもあるけれど、そのときは会議とか話し合いで解決した。住民全員が建設に参加し、意見を出し合って、ここに「社会」を作り上げた。これからの課題はいかにこのモデルを我々が属する社会に当てはめ、その運営に参加していくかだと思う。

――長毛（立法会議員の梁國雄）は「自発的な組織」が現れたら、今後の運動はうまくいくと言っていた。それはどう思う？

陳――実は長毛が言う「自発的な組織」は現れたことがあるんだ。僕は「新界東北開発反対運動」（東北地区に持ち上がった巨大なショッピングセンターを建設する計画に対する反対運動）に参加したとき、東北部にある村の村民たちがそれぞれグループを立ち上げ、お互いに活動のサポートをしていた。それができた理由は皆同じ目標を持っていたこと。その志が小さい組織をまとめ、大きな力となった。そのときはまだ政党の介入がなく、村民が自発的に見回り隊を設置し、不動産会社の人がやってきたら他の村に連絡し助けを求めた。それで多くの人が集まり力となった。

――香港東北開発の件でそれほどの組織があったとは知らなかった。今後の運動の参考になりそうですね。あなたはそんなに楽観的に考えているけれど、香港から移民したいと思う？

陳――そもそも移民できないし、どうせここに残るならいい場所であって欲しい。だから僕たちは街に出ていった。今の香港政府は民を大事にしないし、市民の声にも答えてくれない。自分の運命すら決定権を持たない。そりゃ、50代、60代の人は移民したがるよ。でも僕らは香港に根付いた。生まれ育ったこの場所が好きなんだ。だからこそこういった環境を変えたい、安定した香港を築きたい。僕はここから離れたくないから街に出たんだ！

――最後にこの運動をどう評価しますか？

陳――学聯が言う「段階的勝利」だと思う。この運動は一世代の人を変えた。それは我々が属する「新世代」の人々の心を変えた。黄之峰（ジョシュア・ウォン）のコメントのように、20年後の香港は社会になる。今「開花」したこの心はいずれ香港を変えることになる、この運動はそういう意味を持っている。

多くの本土運動、民主化運動に参加している陳君は普通の学生とは違う思いを持ってこの運動に参加したと思う。日本において、社会の運営は大人の仕事、もしくは政治家の仕事だと思う学生が多いのではないか。私が実際に日本の大学に進学し、今に至るまで政治に関わる問題や、社会に関する問題などを深く話し合ったことはほんの数回しかなかった。だが私が香港にいた中学（高校）時代、ほぼ週1回のペースで友人と先生と集まり、食事とお酒を飲みながら一晩中話し合っていた。「公民覚醒」、それはこの運動の中でキーワードにもなった。香港人が立ち向かうべき問題を自ら見つけ出し、解決に取り組み、政治的無関心から公民意識の覚醒へ、それこそ運動の本意であるという主張は、普通選挙の追求から一歩超えた社会の全体的な改革を目指している。彼の話を聞き、ふっと思い出したのはアニメ・機動戦士ガンダムUCの主人公の一言、「人の持つ可能性を、おれは信じたい」。「公民覚醒」は、まさに香港人の「可能性」を信じた表現だとも思える。将来の香港を展望し、成長していく若者を信じ、そういう「可能性」を潰さないためにも、真の普通選挙は必須だと思う。

Interview 3 運動に参加した大学生

最後にインタビューができたのは中学（高校）時代のもう一人の親友、林倩欣（ヴィヴィアン・ラム）さん、22歳。彼女は今香港教育学院の3年生で、専門分野はグローバリゼーション。雨傘が始まる前は特に民主化運動に参加しておらず、自称「普通の学生」である。彼女もストライキに応じ、そのまま雨傘に参加した。

――どういう経緯で雨傘に参加しましたか？

林――9月22日からストライキに参加し、9月27日に添美道（ティムメイアベニュー）で開催された講義に参加しました。そのとき間違えて中学生向けの講義に参加したのだけれど、すごく熱心な学生がいっぱいでビックリした。中学生たちがノートを手にして、真剣な顔で講義を受けていた。周りは平和かつ安全な空気に包まれていた。9月29日は金鐘（アドミラルティ）にいました。そのときはとっても緊張した雰囲気だった。警察が通りかかるとすぐにブーイングしていたし、参加者もフル装備（マスクやコートなど）だった。警察の警告旗を気にして座ることもできなかった。

――女の子一人でそんな危険なときに行ったんだね。怖かったか？

林――怖くはなかったよ。どっちかというと警察に失望した気持ちのほうが大きい。その後は落ち着くまで占拠区には行ってなくて、毎日テレビの生放送を夜遅く見ていたけど、やはりその緊張感が伝わってきて、ずっとテレビから離れなかったよ。

――9月29日に行ったってことは、オキュパイ・セントラルが開始された頃だと思うけど、そもそも学生運動のほうに参加していたあなたは運動を乗っ取られた感じはしましたか？

林――そうね、私は三子が運動を乗っ取ったと思っています。彼らの行いは運動の目標を濁らせた。もしくはオキュパイ・セントラル自体が政治ショーだったかとも思える。学聯も学民も政治経験が少ないし、あまり行動を起こせていないと思う。こういった組織は運動の中では必要である。そうじゃないと人々の力が分散せれて、政府に負けてしまう。組織は人々の知恵や、情熱、力をまとめる役割がある、その点では学聯も学民もやや力不足であった。

――それでもあなたは出てきた。いったいどういう理由でこの運動に参加したの？

林――まず今の香港は中国によって大きく影響されていること。毎日150人の中国人の新移民者がいて、そしてその人たちのために香港政府は生活保護金を支払っている。自由行によって変わった上水にある我が家、中国人に合わせた新界東北開発計画。政府自体が民意を聞こうとしていない。以前のイギリス植民地政府のように、すべて強硬手段で済まそうとしている。民主派親中派問わず政党の内争が政治の状況を悪化させている。その他に梁振英《りょうしんえい》（現在の香港行政区長官）当選後に現れた様々な親中団体。これらの積み重ねが雨傘によって爆発した。私はこんな香港を変えるために力を尽くしたと思う。

――あなたはこの運動に対してどんな目標を持っている？

林――もちろん真の普通選挙の追求です。今の香港では「50年変わらない約束」が曖昧になっていて、中央政府はこれ以上に香港の内政に介入してくるでしょう。だから真の普通選挙で行政長官を選び、中央政府の思惑を阻止せねばならない。その他にいろんな声や求めがあるが、今はやはり普通選挙が最優先だと思う。

――その中央政府と争うのであれば、基本法の撤廃は必要でしょうか？

林――その必要はないと思う。そもそも基本法自体には修正する余地がある。普通選挙の追求からみると、指名委員会を廃止すればいいことだし、根本的に基本法を覆す必要はない。

――中央政府という巨大な敵を前にして、やはりここから逃げたほうがいいと思いますか？

林――香港人にとってサイレント抗議や、獅子山に雨傘革命の旗をかけることや、占拠自体が「暴力行為」に匹敵すると思う人もいるでしょう。私は「負け戦」に参戦することによって、香港の人々に「立ち上がれば必ず効果があるんだ！」と証明したいです。だから私は変わらず香港のために立ち上がりたいし、この「公民覚醒」を香港中に開花させたいです。

――正直、雨傘革命は香港に多くの影響や「被害」を与えました。それでもやった価値はありますか？

林――価値はあると思う。もちろん小さな被害や影響はあったけれど、その被害を受けた人々にも今この行為が香港のためだったこと、その犠牲が香港の「覚醒」につながっていることを知ってもらいたい。これは運動でもありながら、公民意識を養う一つ大きな授業でもある。その価値はかけがえのないものだと信じています。

――最後に運動の評価を聞いてもいいですか？

林――今回の運動では社会の混乱、雨傘革命の支持派と警察の支持派の対立、暴力などの負の面もあったけれど、でもそれ以上に利もあったと思う。自分の考えを持ち始めたことや民主化に必要な知恵を得たことがそう。そして、一番評価すべきなのは社会を新しいステージに昇華させたことじゃないかな。今後はいろんなことが起こると思いますが、私は楽観的に受け止めます。

学生の気持ちを反映したすばらしい答えだと思う。多くの学生がストライキに参加し、突然のオキュパイ・セントラル開始宣言に戸惑いを感じただろう。何より彼女の指摘の通り、香港の間では大きな社会分裂が起きていて、香港人同士が内争をしている。その内争を乗り越えるには、人々に相応の知恵が必要である。雨傘革命は香港人に考える機会を与え、「公民覚醒」への種を蒔いたのである。多くの学生が香港に根を張り、自分の故郷であることを認識している。たとえ、どこに移民しても、国籍が変わっても、彼らは香港人であり続けるだろう。移民しないと決意した者は、今後「香港人」という価値を守り続けようとするだろう。

この運動は一つ重要な教育のプロセスだ。香港史という長い歴史の中で、人々の心を変えた一コマの授業かもしれない。学生だけではなく、香港人全体で自分の将来、社会のあり方、政府の構成、さまざまな問題を考える大切な79日だった。

私にとっての雨傘革命

ストライキが始まった当初から私はずっとインターネットで情報を収集していた。9月28日、警察が初めて催涙バズーカーを使用したと聞き、緊張、心配、怒り、失望などいろんな感情が一気に爆発した。私はすぐに香港行きの航空券を調べた。そのとき頭の中は「帰らなきゃ、見届けなきゃ」との思いでいっぱいだった。あいにく、時期が合わず高額のチケットしか購入できなかったので、諦めてパソコンの前にずっと事態の進展をながめていた。ユーチューブの動画で、多くの人が街に出て普通選挙の追求を訴えているのを知った。車道が埋まるほどの大人数が集まり、それを見た警察が後退し、この小さな「勝利」を心の底から喜んだ顔を見た。警察の催涙スプレーを傘で防いでいる様子、ボランティアの医師が参加者を介護する様子、友人たちが物資を持って占拠区に行くところ、カメラを持って最前線に立った友人の姿も見た。警察の防衛線の前で下手な日本語で日本人取材班に「そのカメラで私たちを守ってください」と言った友人もいた。すべての出来事を画面越しで見たが、まるで身近で起こったことのような気持ちになった。ジミー・ライさん（第Ⅱ部第6章参照）の言うとおり、雨傘以外にこの運動をあらわせるものはスマホだと思う。どんな些細な情報もユーザー単位で広げられるSNSも非常に大切だと思った。

日本に残った私はフェイスブックコミュニティ「在日港人聯會」に参加し、9月30日に初めての集会に参加した。当日は早稲田大学大隈記念講堂の前に300名（記事では100名）もの香港人や各国

2014年12月11日、「金鐘村」の様子。強制退去の30分前。(筆者撮影)

の人が集まった。会場の制限により、スローガンやデモ行進を行うことはなく、香港にエールを送る集合写真だけを撮影し、一度解散した。その後学校付近にある香港人経営の中国レストランで、ディスカッションを始めた。集まったのは40人から50人。運動で何を求めるのか、今後の活動方式などなど、意見を一人ずつ発表した。

香港人の会はこれ以外に、池袋駅と新宿駅で傘を持ちサイレント抗議を行ったり、フェイスブックのページでイエローリボンを持った写真を掲載している。そして香港経済貿易部や香港政府宛に普通選挙追求のポストカードを送った。それ以外にメディアのインタビューにも応じた。私が受けたのはNHKのインタビューでそのほかのメンバーはフジテレビや共同通信社の取材を受けた。

12月に入り、私は友人の結婚式を機に香港へと戻った。初めて占拠区に行ったのが12月11日、金鐘強制退去の30分前だった。私は片手に電話持ち、母親と話しながら金鐘駅から海富中心(アドミラルティセンター)出口へと向かった。階段を登り私に目の前に現れたのが「金鐘村」だった。「すごい」。私は母親に向かってこの言葉しか出なかった。六車線のハーコードロードの上には、車が一台もなく、あるのはテントや、自習室、芸術作品のみ。ここはもはや車道ではなく、立派な「村」であった。私は慌てて電話を切り、この「非日常的」な香港に飛び込んだ。強制退去前にもかかわらず、大勢の人が集まった。警察が退去命令を流すたびにブーイングが始まり、スローガンを叫ぶ参加者もいた。この頃、占拠参加者も退去準備を始めており、壁の上に「We will be back」などの文字を並び、その場を去っていった。同時に、政府から委託を受けた洗浄車が路面に書かれた文字を洗い始めた。数時間後、退去しなかった人が逮捕されて、参加者が残した「ゴミ」が整理され、また何ごともなかったかのように車が通行し始めた。

2014年12月14日、『週刊ポスト』の記者と一緒に銅鑼灣（コーズウェイベイ）に行った。それは最後の占拠区でもあった。その日は退去前日であり、金鐘ほど人がいるわけではなかったが、それでも大勢集まった。占拠民たちが作った冊子や栞が配られていたが、中で一番目立ったのはTシャツのプリントであった。自前でTシャツを1枚用意すると、彼らがその上に雨傘革命のロゴやスローガンをプリントしてくれる。私も運動の思い出として、「香港」の二文字が印刷された服に、ロゴと「毋忘初衷（最初の目的を忘れるな）」をプリントしてもらった。

12月15日、私は本書の著者である安冨歩、深尾葉子、刈部謙一と合流し、銅鑼灣の撤去に立ち会った。周りにスローガンを叫び続ける人もいれば、悲しい表情を浮べた人もいた。なぜなら、政府からなにも返答を得ないまま、運動が終わろうとしていたからだ。香港の警務處處長（日本の警察庁長官）曾偉雄（アンディ・ツァン）が雨傘革命の件でテレビインタビューを受けた際、警察の対応を「子どもを守る慈母のようだ」と評価していた。実際には警察の過度の暴力（公式に最低限な武力と言う）が批判されており、「慈母」という表現は多くの香港人の神経を尖らせた。参加者に暴力を振った警察よりも、悲しくて心配そうな目で退去現場を見るこの女性の方が「慈母」と言えると思った。

私は日本人だが、香港で生まれ育った香港人でもある。元より香港には国籍がなく、永住権のみ与えられている。香港に7年以上住んでいて、ある条件を満たせば、外国人でも香港人になれる。でも、本当の香港人とは香港を心から愛し、文化を尊重し、言語を会得する努力した人のみ称することができるのではないか。日本から香港にやってきて、22年香港で暮らし、広東語を習い話し、税金を納め、忙しい生活を苦しい中でも満喫している私の母親も立派な「香港人」だと言えるだろう。母はデモに参加できなかったが、電話でデモについて話をしたとき、「香港が好きだ」と私に言った。その一言に思わず涙がにじんできた。

香港人は移住者を拒んでいるのではなく、特に中国移住者の多くが香港の文化に慣れようとせず、中国のやり方で通そうとしていることを嫌っているのだ。香港に移住しても北京語（マンダリン）を使い、中央政府の加護がなかったら香港はとっくに「臭港」になっていたと考える彼らからは、香港に対する「愛」を全く感じない。だから、中国との矛盾を深まっていったのだと思う。

なぜ日本に戻っても香港を気にするのか？　私にとって香港は生まれ育った地でもあり、故郷でもあり、実家でもあるからだ。これまでの人生の半分以上を香港で過ごしたが、毎回香港に帰るたび、少しずつ中国に侵食されていくような気がしている。香港には私の両親、親戚、恩師、友人が住んでいる。そんな場所を気にしないでいられるわけがない。遠く離れている日本からでも、香港のために何かしたい。香港を思い続けたいのだ。

金鐘（アドミラルティ）にある幹線道路を占拠した市民たち（2014年10月1日）。
写真：William Law

金鐘の撤去当日、私はハーコードロードの真ん中立ち、「自由な空気」を香港人と一緒に吸えたことを非常に光栄に感じたし、感動した。涙目になりながらビデオカメラを回し、しっかりとその「空気」を目に焼き付けた。一度享受した自由は手放せない。一度進んだ民主は後戻りできない。イギリス植民地政府は返還前に民主改革を進めた。たとえ初歩的なものだったとはいえ、確実に立法会での直接選挙の割合をあげた。今日になって民主制度を後退させるようなことは許せない。香港に必要なのは民意を代表できる政府であり、そのために真の普通選挙は欠かせないと思う。

私にとっての雨傘革命は香港が中国ではなく、香港であり続けるための運動であり、香港の未来を民主主義の追求という道を通し模索したプロセスでもある。この先どのくらい年月が過ぎようと、雨傘革命は香港の歴史の中で最も大きい効果を発揮した運動になるだろう。最後にこの場を借りて、運動の指導者、参加者、支援者へ心より感謝と祝福、そして「私は香港人であって光栄だ」と伝えたい。

第6章

最前線に立った66歳の起業家と17歳の学生

刈部謙一（聞き手・構成）

雨傘革命の取材で出会った二人は、対照的だった。

起業家として成功し、香港でもっとも民主的でラジカルな新聞のオーナー（現在は退席）で、大柄な体躯もあり66歳という歳に相応しい大人《たいじん》の風格をもつジミー・ライ（黎智英）。

もう一人は中学生の頃からネットワークを駆使して学生を組織化し、香港の民主学生運動をリードする小柄で痩せぎすで、メガネをかけた少年の風貌を持つ黄之峰《こうしほう》（ジョシュア・ウォン）。

明らかに経験豊富で怖いものなどないというジミー氏に対して、追い詰められても戦う姿勢を崩すまいとする黄氏だが、二人に共通するのは強大な敵、簡単に勝てない相手への不屈の闘志。占拠闘争は一端終息したが、彼らの戦いはまだ終わってはいないことは確かだ。

Interview ジミー・ライ（黎智英）

香港人として、次の世代に民主主義を受け渡すために、最大の努力をするのは当たり前だと思っています

▼元蘋果日報（アップル・デイリー）社長、元ネクスト・メディア取締役兼業務執行取締役

刈部（以下、刈）――今回の雨傘革命では、積極的に現場に行かれていましたね。催涙ガスを浴びせられた当時の様子を象徴的に撮ったタイムの表紙の端にあなたが映り込んでいました。さらに金鐘（アドミラルティ）の排除では逮捕、拘束までされました。そうした行動はこれまでとは違いませんか。

黎――私は以前から控えめに行動していたわけではなく、民主そして普通選挙の推進に関わる行動はしていました。たとえば民主派（政党）への献金などです。過去の運動の中で私が前に出なかった理由は、私の経営する新聞（蘋果日報〈アップル・デイリー〉）や雑誌（ネクスト・メディア）がすでにそれをしていたからです。私の会社が民主活動の擁護、そしてその推進をしていましたから、あえて最前線に行く必要はないと思っていたのです。今回、最前線に立った理由は、私自身がオキュパイ・セントラルの支持者であり、我々香港人にとって「鍵」となる時期であり、立

ち上がらないといけないという時期に差しかかったからです。この運動の「推進者」として責任を感じているからこそ毎日運動に参加し、最後まで占拠区に残り、最終的には法的な責任を負い逮捕される、という結果に至りました。

刈——それは自分なりの決着のつけ方ということでしょうか？

黎——自分は香港人として、次の世代に民主主義を受け渡し享受できるよう、最大の努力をするのは当たり前だと思っています。

ジミー・ライが片隅に写っている『TIME』（2014年10月13日号）の表紙。

刈——これまでの香港人と言いますと、基本的には問題が起きたら逃げる、あるいは違うやり方を考え、受け入れる。こうした形のレジスト、抵抗するという手段をとることは、ほとんどなかったと思います。さらに言うと、現在の中国は世界的な経済大国で本当に巨大な敵です。そのうえ、学民思潮の黄之峰（ジョシュア・ウォン）君も、対中国ではこれまで「愛国教育撤廃」などで、2度自分たちは勝っているが、今回は民主主義のあり方の根幹に関わることなので「これまでのように簡単には勝てないであろう」と言っていました。だけど「それでもやる」と彼は言っていました。

黎——これまでの香港人は「難民」という背景を持っていました。それは中国本土から香港に逃亡してきたということです。一世代前の発想だと「もし香港を守りきれなかったらまた逃げればいいや」と思うでしょう。自分たちは「難民だ」という意識と背景が、移民をすることを選択させたのではないかと思います。

ジミー・ライ氏（撮影：刈部謙一）。

ですが今日の若者は、すでに香港の命運を受け継いでいます。自分たちは決して「難民」などではなく、香港は若者にとって「生まれ育った家」だと思っています。それゆえ、彼らはごく当たり前に自分の「家」のために戦います。我々の一世代前の人とは違って、彼らは「逃げる」という選択はしたりはしません。

刈——そうしますと、今回の「占拠」闘争はとりあえず終わりましたが、これからもスタイルを変えて継続していくとお考えになられているということですね。黎さんご自身の考えはどうでしょうか？

黎——まず私は（今後の活動に）必ず参加をします。私に残された時間の中で、全力を尽くし参加するつもりです。私もう60代で、もうすぐ70になりますが（訪問時は66歳）、次世代のために、普通選挙を追求することに責任を感じています。どういう形で継続するかはまだわかりませんが、今の若者の想像力は豊かで、すごいと思います。たとえば「ショッピング運動」というのがあります。百数人の参加者が車道に押し掛けてお金を拾う振りや、靴の紐を結ぶ振りをします。それにより数十分車道を「占拠」し、警察が来たらすぐに離れる。こういった形の運動が多くなると思います。様々な場所や時間を問わず、随時行われると思います。中国中央政府が引き続き「基本法」に定められた普通選挙の付与を断固拒絶するのであれば、このような抵抗活動はますますエスカレートすると思います。

刈――立法会議員の長毛（梁國雄）は、これからどうして行くのかという問いに対しては、それは「組織」することだと言っていました。「組織」といっても、ヒエラルキーがあるのではなく、自然発生的にいろんな人が集まり、それはやることが同じだから組織化していく、その組織化に自分の力を注ぎたいと言っていました。「組織化」することに関してどうでしょうか？

黎――この運動が人々を激励した理由は、学生と市民が自発的に行ったからです。自発的だったからこそ、20万人もの市民が参加するという結果をもたらしました。ですが、「自発的だった」ため、組織と指導者の指揮がなく、そのことで運動（オキュパイ・セントラル）全体の進行が遅れ、最終的に戦略的な撤退を選ぶ結果となってしまったのです。ですから、多くの人から「次回は整った組織を作ることが必要だ」という声を受けることとなりました。彼らの発想はよいと思いますが、その組織化が実現できるかどうかは未知数です。今回は、若者、学生が運動の中で一番大きな力を持っていましたが、実は最大の組織力を持っているのは「街頭運動」や「社会運動」を行ってきた民主派議員や政党です。この二つの組織同士（学生組織と民主派組織）の組み合わせは絶対不可欠だと思います。ただし民主派の組織があまりにも前に出過ぎてしまい、学生を後にしてしまうと、運動のダイナミズムを削るという問題が起きます。ですから今後は、学生と民主派のバランス、組織としての協力が大きな課題になると思います。

刈――民主派で一番ラジカルな長毛（梁國雄）の今回の闘争スタイルはこれまでと違い、「引いて、引いて、抑えて、抑えて」。これまで長毛を知っている人からは、「弱腰ではないか」という批判が出るくらいに冷静でした。でもそれが成功だったということですね。組織化は難しいですし、これまでの運動体でも一回組織を作ってしまうと官僚的になってしまい、さらに組織を守ろうということになってしまうと思いますが、そのあたりはどうお考えでしょうか。

黎――特に「弱くなった」ということではなく、長毛も民主派も「運動をハイジャックした」と思われたくないという理由から、あえて前に出てこなかったのです。ですが彼らは実は後方で大きな力を発揮していました。占拠区の物資管理などは全員民主派議員のボランティアが運営していました。今後、学生と民主派の共同組織が現れるかどうかは未知数ですが、学生主体の運動だとしたら学生がすべての指揮を取らないといけません。そこで民主派が前に出てはいけないと思っています。我々が学生組織を左右することはできません。ですが、学生たちはまだ経験不足であり、外から見ても組織性にも欠けているし戦略的にも不十分です。仮に指揮をする学生組織が現れたとしても、それは一時的な物であり、意見の不一致があったとしても官僚主義や内紛が起こるようなことにはならないでしょう。大きな組織が現れる前に、小さな組織が運動を通し様々な活動を行っていくと思います。その小さな組織、小さな活動がいつか結集して大きな組織になれば、そこに大きな可能性が秘められているのではないかと思います。

刈――今おっしゃったような、小さな組織を、今後どうやって作っていくのか、また、それが緩やかに連合していくことをどうささえるかですが。

黎――小さな組織も大きな力を秘めています。その一つが「素早い行動力」です。日本が学生運動をやっていた頃との大きな違いは現代にはフェイスブックや、ワッツアップ（Whatsapp）などのソーシャルネットワークが完備しているということです。最初は小さな組織でもたったの30分で100〜200人を集めることができ、短時間で「フラッシュモブ」（公共の場で通りすがりの歩行者を装いながら、突然パフォーマンスなどを行い、周囲の人々の関心を引くとその場から立ち去る行為。インターネットなどで不特定多数の人に呼びかけられ参加者を募る）が形成される。以前の小さな組織と比べると「組織力」が大幅に上がっていると同時に、運動の中で発揮できる力も大きくなっています。以前に比べて政府からのハラスメントも多くなっていますから、このような小さな組織が有効的に政府にダメージを与えるようになれば、政府からの圧力はさらに強まります。中央政府、香港政府による鎮圧行動が大きくなれば、小さな組織同士の団結を促がし、連合して政府に抵抗することになるでしょう。小さな組織の指導者同士の協定で大きい組織を作るのではなくて、外部から大きな制圧や圧力がかかった際、小さな組織は自然に大きな組織に変わるのです。

刈――「日本も安倍政権が2回選挙の中で圧勝して、巨大な力を持ち始めています。それに対するレジストのし方は、日本の場合は今まで学生運動みたいな形しかなかったですが、今回の「雨傘革命」を見て、参考になるのではないかなと思っていましたが、よく理解できました。

黎――今回の雨傘革命において、携帯電話やソーシャルネットワークなどが集めた力は前代未聞であり、今後の組織力や民衆の力の発揮は計り知れないと思いました。それを新しいことといえば、そうなのかもしれません。

刈――この運動の目標として、これから33年間ある一国二制度の維持と同時に、普通選挙の獲得があります。それに対していろんな形でやっていくと思いますが、どういうところで「勝利」とお考えでしょうか？

黎――普通選挙が実現すれば成功です。

刈――普通選挙があれば、一国二制度というのはずっと維持されていくという理解になるのでしょうか？

黎――普通選挙があれば、一国二制という制度は必要ではなくなります。なぜなら中国に普通選挙、民主がないですから。普通選挙があれば香港人は自身で決議する権力を得られますから、一国二制度の重要性も二の次になってくる。

刈――今回の運動が台湾での馬英九《ばえいきゅう》の政党敗北を呼んだといわれています。そのあたりはどうお考えですか？

黎――香港の運動が影響しているのは間違いないでしょうね。台湾や香港の政治が今後直面していくのは、若い世代へのバトンパスでしょう。若者が政治的な権力を持ち始めている。というのも彼らにも選挙権があるからです。台湾の若者は「台湾人」として未来に望んでいます。国民党が大敗した理由は、「中国人」としての過去ばかりを押し付けたからなのです。若者は前を見て進んでいます。だから国民党は大敗した。そして今後も負け続けるでしょう。香港も雨傘革命を行ったことにより、政治に参加する若者が多くなりました。彼らは自分たちの前途を決める力を求め、全力を尽くしていくと思います。

刈——ただし、普通選挙ということに関していいますと、それが行われたら中国の有り様の否定にもなると思います。絶対に許されないのではないかと思います。普通選挙の根拠は中国が認めた基本法に考えてと言われていますが。

黎——本来基本法は英中の間で定められた制約であると思います。中国は大国として、いかに基本法が邪魔物だと思っていても、法に沿ってそれを実行しなくてはならない。特に今習近平が『憲法（依法）治国』（法に基づいて国を治める）を提唱しており、彼はまず基本法を守るべきであると思います。普通選挙を得られたら、基本法の本意が実現されたことになる。だから基本法の意義は弱まるだろうと思います。

伯——それでは、基本法の存在意義は普通選挙の実現という理解でよろしいでしょうか？

黎——その通りです。私にとって普通選挙が実現したら、基本法の意義は小さくなります。

刈——基本法があるからこそ普通選挙はやるべき、あるいはやれる。同時にこれはあくまでも中国全土問題ではなくて、「香港の話です」と限定すれば可能だということでしょうか？

黎——「港人治港」（香港人が香港を治める）、それを最大限に実現するにはまず、香港人自身が普通選挙をするということにあると思います。

刈――今回の逮捕などがあって、アップル・デイリーの代表者としてのポジションを降りられましたね。今後アップル・デイリーは変わってしまうのですか？　それともそのままなのでしょうか？　またご自身は何か他のことをおやりになるのですか？

黎――私が辞任したのはアップル・デイリー社長、ネクスト・メディア取締役兼業務執行取締役です。アップル・デイリーに関しては、今もまだ最大株主であります。私の辞任は、個人の民主活動と新聞を切り離すことが目的でした。私は自分のために声を出し、新聞は香港人のために声を出す。香港人の声（意見）は私の声と違うと思います。なぜなら、私は過激ですから。これからアップル・デイリーは変わるかどうかと言えば、私が離れたことによって紙面が過激ではなくなるかもしれませんが、民主、自由、普通選挙の追求をするという立場が変わることはないでしょう。なぜなら私まだオーナーなのですから。

（第二の質問に関して）特に計画はありませんが、自分の行動が新聞に影響しないように、まずは自分をメディアから切り離すことが最優先です。単にメディアが香港人の中で孤立されるのが嫌だからです。

刈――個人というレベルですと、今回の場合でも、例えば海外からお金を引っ張ってきたのではないとか、あるいは台湾に対してもお金を出したのではないかという噂がありますが、そのあたりはどうなのでしょうか。

黎――私は今年の夏にサーバーのハッキングを受け、過去十数年のメール、銀行の取引記録、個人の手紙、あらゆる個人のドキュメントの全てを晒されました。言い換えれば私のこの十数年やったことはすべて彼ら（ハッカー）に知られています。もし私が外国からお金を貰っていれば、彼らは必ずそれ暴き出すでしょう。ですが今、唯一実証されているのは、この10年私が民主のため、民主派を支持するためにお金を使っていたことだけです。本当に外国からお金を得ているのであれば、ほんの些細な悪いことでも、あるいはガールフレンドなどがいたりしたら、誰も許してはくれないでしょう（笑）。彼ら（批判する人たち）は私を貶めようとしているだけで、実際にそんなことは有り得ないといえるほどなにもないのです。仮に外国勢力が資金援助を使って運動を支援しようとしても、私のような有名人や目立つ人に渡すことはありませんよ（笑）。なにより私の銀行取引記録や、事業の記録などもはっきりしています。皆さんご存知の通り、私はずっとビジネスをしてきた人間であり、外国勢力の傀儡とか、訓練を受けていたなどということはありえない話なのです。

（通訳／伯川星矢）

Interview　**黄之峰（ジョシュア・ウォン）**

香港の自主性のために自分の「戦い」は当分終わらない

▼1996年香港生まれ。学生運動組織「学民思潮」を2011年に設立。香港公開大学学生。

（本稿は2014年10月22日に「日刊ゲンダイ」に掲載されたものを一部改変したものです）

香港の「雨傘革命」は、打たれ弱く、すぐに逃げる香港人が珍しく戦っているというので、話題を集めている。さらにそのリーダーの一人が17歳で、9月から大学生になった少年ということでも話題を呼んでいる。

その彼、黄之峰《こうしほう》君は3年前の高校生のときに、香港政庁が中央政府の意向を受け、50年間の「一国二制度」の実質な転換を計るための「中国」人化、つまり共産党支配下の「中国」に誇りをもつようにと小中学生に進めようとした「愛国教育」を撤回させたことがある。

＊＊＊

「中学生なら、判断できるかもしれませんが、小学生には無理なことだし、おかしなことだと考え、フェイスブックで呼びかけたのです。そこからあっというまに多数の賛同者が集まり、さらに親や社会人へと広がったのです。おかげで、愛国教育の撤廃と言うか、彼ら的にいうと延期を勝ち取ることができました。

ただ、今回の「普通選挙」に関しては、「愛国教育撤廃」やそれ以前の「国家安全法」の撤廃で二度も香港民衆は勝っているので、今回は北京政府も簡単には許してくれないだろうなと当初から考えていました。何しろ彼らの根幹にも関わることですから、かなり前からアイデアを練っていました。普通選挙や民主化など香港のさらなら自主性に関しては、長年香港のゲバラと呼ばれる「長毛」梁國雄立法会議員らがかなり過激な運動をしていますから、彼らと同じようなことはできないと思っていました。

そこに金融街の「中環＝セントラル」の占拠というアイデアが出てきたのですが、僕らは中環よりは立法府のある金鐘（アドミラルティ）の方が効果的ではないかと言ってきました。金鐘には以前から公民広場という普通の市民が言いたいことを言う場所でもあったので、一番向いていると考えたのです。僕らのテントもそこにあります。

さらに僕らの逮捕や催涙ガス騒ぎなどがあったので、関心が高まり市民の参加も増えたのです。占拠して、長く居座り続ければ、続けるほど関心を集められると考えています。国際都市である香港には海外からの報道陣も来やすいので、長くやっているほど多くの人に問題を見せることができます。そうした海外の報道も北京政府は気にしますから、香港では、天安門のような解決は無理だと思っています。

今回、話し合いがもたれますが、選ばれた5人の学生代表に僕らはいません。彼らは各大学での民主化活動をしていた人たちの集まりで、「学聯」と呼ばれる人たちです。

僕らは「学民思潮」という組織で愛国教育に反対した時にできた組織です。僕はその責任者でも、リーダーでもありません。いわばスポークスマンのような役割をしているだけで、あくまでも一人の学生です。

方針が決まれば従いますが、一国二制度の実現を目指しているので、簡単にはいかないと思っています。だから当分占拠は続きます

黄之峰氏（撮影：刈部謙一）。

＊＊＊

十分に幼なさが残る大学生だが、今回の自分の「逮捕」で、運動がさらに広がったということで、自信を深めたようだ。「占拠」というやり方はいつまで続くのかは不明だが、香港の自主性のために自分の「戦い」は当分終わらないという決意はよく伝わってきた。表面的には香港政府と戦っている彼だが、本当の敵は強大な力を持つ中国政府との戦いだ。だからこそ、今回の戦いは簡単には勝てないという言葉は重く響く。しかし、彼の言動を見ていると、ヒロイズムに酔うことも、玉砕という手段を選ぶとは思えないしなやかさを感ずる。ＳＮ

Sという新しい手段で集まり、壇上でもスマホを離さない彼の姿からは、確実にこれまでにない「戦い方」をすることを予感させる。

日本でも同様の問題があるはずなのに、人々はほとんど動かない。若者を含め大多数は安倍政権を支える太平楽である。彼の言動を見聞きし、何かを感じてくれるとよいのだが……。

最後に日本への同世代へのメッセージと問うた。

「日本の若者は自分たちが民主的で、自由な社会にいることにもっと感謝をした方がいいと思う。それは自分たちが獲得したものではないかもしれませんが、自分たちが使うことのできるものですから、それを大切にして欲しいですし、もっと使うべきだと思います。

僕らへの連帯は学民思潮のホームページを開いてもらえれば、ドネーションできるところがありますから、そこから参加してもらえると嬉しいです」

民主と自由を享受しきれているのか不安な日本の若者は、この言葉をどう受けとめるのか楽しみでもある。

第7章

香港のゲバラに会いに行く

安冨 歩

２０１４年12月16日の11時に私は深尾葉子、刈部謙一、伯川星矢の三氏と共に、長毛こと梁國雄（Leung Kwok-hung：１９５６年3月27日〜）立法会議員のオフィスに行った。長毛は立法会の最も過激な議員として知られている。チェ・ゲバラを尊敬し、いつもゲバラグッズを身につけている。次頁の写真1は彼が立法会で行政長官に向けて、糞尿の詰まった風船玉を投げつけているシーンであるが、ここでもちゃんとゲバラのTシャツを着ている。こういう行動を繰り返すので、議員であるのにしばしば逮捕されている。今年の6月には収監され、刑務所でトレードマークの長髪を切られてしまった。今回の雨傘革命では、表には出ないものの、運動を支える役割を果たしていたとされ、11月25日の旺角（モンコック）のバリケード撤去に際して逮捕されている。

長毛に会うことができたのは、ジャーナリストの刈部氏が以前から交友を結んでいるからである。彼の紹介によって、我々は２０１２年11月に長毛を大阪大学に招き、11月6日に主として彼自身も関与していた尖閣諸島上陸問題について研究会を開いた。写真2はそのときの写真である。私は彼に敬意をあらわすために、チェ・ゲバラのTシャツを着ているが、これは長毛に借りたものではなく、ゲバラの娘、アレイダ・ゲバラ医師が来日したときの講演会に行って買った、アレイダ医師直筆サイン入りのレア物である。

さて、今回の訪問までの2年間に、私はすっかり様子が変わっており、左の写真のような様子に

【写真1】議場で糞尿玉を行政長官に投げつける長毛
（http://www.backchina.com/news/2012/11/03/219046.html）

【写真2】2012年11月、大阪にて前列左から伯川、安冨、長毛、深尾。後列左が刈部。

なっていた。そこで最初、長毛は私が誰だかわからないのではないか、と考えて、深尾氏が「この人はあなたと以前会っているけれど、わかりますか」と聞いた。すると即座に長毛は「もちろんわかる」と言い、「本当の姿に近づいたようだね」と付け加えた。そしてさらに、「シンディー・ローパーみたいだ。そうだ、あなたを見て、彼女の True colors という曲を思い出した」と言い、「これはあなたのための歌だ」と言って YouTube でこの曲を探しだして聞かせてくれた。

【写真３】2015年１月、安冨の近影。

私はこの曲を知らなかったので、スマホで歌詞を検索してみた。それは次のような歌詞であった。議会で行政長官に糞尿玉を投げつける過激派政治家は、女性装するようになった私にこんな歌を贈ってくれる人でもある。

True Colors　　本当の色

You with the sad eyes　　あなたは悲しい目をしている。
Don't be discouraged　　勇気を失わないで。
Oh I realize　　ああ、私にはわかる、
Its hard to take courage　　人で一杯のこの世界で、

In a world full of people
You can lose sight of it all
And the darkness inside you
Can make you feel so small

But I see your true colors
Shining through
I see your true colors
And that's why I love you
So don't be afraid to let them show
Your true colors
True colors are beautiful,
Like a rainbow
Show me a smile then,
Don't be unhappy, can't remember
When I last saw you laughing
If this world makes you crazy
And you've taken all you can bear

勇気を持つことがどれほど難しいか。
あなたは全てが見えなくなり、
暗闇があなたの内面を覆い、
あなた自身をとてもちっぽけに感じさせているかもしれない。

しかし私にはあなたの本当の色が、
輝きだしているのが見える。
私にはあなたの本当の色が見える。
ゆえに私はあなたを愛している。
だから見せることを恐れないで。
あなたの本当の色を。
本当の色は美しい、
虹のように。
そして私に笑顔を見せて。
落ち込まなくていいのに。
あなたの笑顔を最後に見たのが何時だったか思い出せない。
この世界があなたをどうしようもなくさせるなら、
そしてあなたが耐えられる限界を越えてしまったら、

You call me up
Because you know I'll be there
And I'll see your true colors
Shining through
I see your true colors
And that's why I love you
So don't be afraid to let them show
Your true colors
True colors are beautiful,
Like a rainbow

私に電話して。
だって、わかるでしょう、私がいるのだから。
そして私はあなたの本当の色を見たい。
輝きだしているのを見たい。
私はあなたの本当の色を見る。
ゆえに私はあなたを愛している。
だから見せることを恐れないで。
あなたの本当の色を。
本当の色は美しい。
虹のように。

Writer(s) : Tom Kelly, Billy Steinberg　訳：安冨 歩
１９８６年リリース

私たちのインタビューは、私の１９８９年の第二次天安門事件についての経験の説明から始まった。あのとき私はたまたま5月上旬に北京大学に行き、しばらく友人の部屋に泊まって遊んでいた。そして毎日、天安門広場に通った。今思えばあれは、まさに「占拠」であった。私はソ連のゴルバチョフ書記長が北京を訪問し、デモが最高潮を迎えた5月中旬まで北京にいて、そこから天津、瀋陽、長

春、ハルピンと旅して、そこで六四（第二次天安門事件）の弾圧があった。私は満洲国の研究をしていたので、その首都の新京があった長春に長居したのだが、そこで国共内戦時の長春包囲戦の悲劇と遠藤誉の『卡子《チャーズ》』という本のことを教えてもらった。

私は6月3日にハルピンに到着し、駅でハルピン船舶学院の女子学生と知り合い、寮の彼女らの8人部屋で話し込んだ。その夜は市内のホテルに泊まったのだが、寮に忘れ物をしたので翌朝また彼女らの部屋に行った。

すると彼女らは、大変な形相で激論していた。いったい何があったのかと聞くと、天安門広場に人民解放軍が投入されて多数の死傷者が出たので、抗議行動に参加するかどうか議論しているのだという。私は衝撃を受けて「じゃあデモに行かなければ」と言った。かくして私は、彼女らと共にハルピンで抗議行動に参加することになった。おそらくそのとき中国各地の地方政府は、抗議行動を弾圧するかどうか悩んでいたはずだが、幸いにも武力は発動されなかった。そこから本来は北京に戻って帰国する予定であったが、あまりに危険なので、大連経由で帰国する羽目になった。

この旅で天安門広場をはじめとする各地で目の当たりにしたのは、当時の日本とまったく違った驚くべき光景であった。私は大学を卒業したあと、１９８６年4月〜１９８８年8月までの2年半、住友銀行に勤務した。１９８５年9月のプラザ合意以降、日本円はドルに対して急激に値上がりしていった。

85年2月には1ドル＝２６０円前後であったものが、私が銀行に入った86年4月には１６０円あたりにまで下落した。これによって日本は輸出産業の採算がとれなくなって円高不況に突入し、その対策として急激な金利の引き下げと通貨膨張が生じて、いわゆるバブルが発生する。私が銀行員をやっていたのは、ちょうどその準備期間であった。バブルは勝手に発生したのではなく、お金が余って困った銀行が、あの手この手で顧客に無茶な不動産投資をやらせて発生させたものである。私は嫌がる客をなだめすかして収益性マンションを建てさせるような仕事に日夜従事して、すっかり体調を崩してしまい、嫌になってやめたのである。そしてその過程で、私の周りの人々が、どんどんおかしくなっていく様子を目の当たりにしていた。私が住友銀行に入ったのは、先輩に立派な人が多かったからである。ところが入社してみてわかったのであるが、優秀なはずの人材がたくさん集まっているというのに、組織としては極めて硬直的抑圧的であり、個人の創造性はほとんど発揮されないようになっていた。ある先輩が自嘲的に「ウチは上から下にだけ風通しが良い」と言っていたが、まさにそうであった。

バブルの引き金を引いたのは「ＢＩＳ規制８％条項」である。これは国際金融業務をする銀行は、自己資本比率８％を満たさねばならない、という規制であり、これが１９９０年代に課せられることになったのである。日本の銀行は自己資本比率が異様に低かったので、無理やりにでも８％にまで引き上げようとした。そのため、１００％保証がついていて自己資本比率の計算上有利でかつ金利の高い住宅ローンをとんでもない水準にまで引き上げるという愚行に出たのである。保証があるといっても、住友銀行の住宅ローンを保証するのは、住銀保証という子会社であったから、まったく意味がない、というのに。

このような愚行をやっていると、人々の顔や雰囲気がどんどん悪くなる。私はこの抑圧的空気に耐えられなくなって体調を崩し、会社をやめて大学院に舞い戻った。そして舞い戻った1カ月後に北京に渡り、街にあふれだしてデモを繰り広げる百万の群衆を目の当たりにしたのである。路上には「人民日報記者」というような横断幕を持った人々までいて、誰もが楽しげに歩いていた。そのときの北京はとても明るく爽やかだった。自分で自分を抑えこんでいた何かを振り払い、飛び出してきた人々の表情は明るく、なごやかだった。こんな平安な北京を私は初めて見たし、それ以降も一度も見たことはない。それは歯を食いしばって過労死しそうになりながら、自らを傷つけるバブルを起こしていた銀行員や、それに踊って浮かれていた当時の日本とは、まったく逆の世界であった。

このとき私は「まともな人間」や「まともな社会」というものを初めて見たように思った。長春で出会ったある高名な学者は、「こうやって人々が街に出ているのに、皆が自制して、秩序を維持し、それを見た海外の人々が称賛しているのを見ると、中国人として誇りを感じます」と言った。私もまさにそのように感じ、敬意を表した。

しかしその輝きは、あっという間に消されてしまった。明るい光に耐えられない吸血鬼のような人々が、必要もないのに銃を振りかざし、戦車で踏み潰してしまったからである。李鵬総理は、この「動乱」を放置したら、中国の未来が失われてしまう、と演説した。彼らは、現在を将来と引き換えにするように人々に強要するが、人々が生きるのはまさにこの現在だけなのである。現在を未来のために手放すことは、自分を手放すことだ、ということを私はこの演説を聴いて理解した。

もちろん、これだけのことを話す余裕はなかったが、私はごく手短に、自分の経験を説明した。長毛は、今、香港で立ち上がっている若い人々は、四半世紀年も前の出来事をよく知らないから、あなたが天安門広場の目撃者であるなら、もっと早く来て、彼らにその経験を説明してほしかった、と言った。

長毛は天安門事件のあと、中国政府はアメリカにずっと協力してきた、と見ている。中国はソ連の崩壊に際しても、また中東の戦争についてもアメリカに協調し、そうすることで経済発展を実現し、アメリカの物価を引き下げ、国債を買い続けた。アメリカは最近になって政策を変更し、東アジアに戻ろうとしている、という。最近のアメリカの金利上昇と日本の円安は、中国から資金を引き上げてアメリカと日本とにもたらすためだ、と言った。

そしてサブ・プライムを引き起こしたような金融のからくりが今も作動しつづけており、ジャック・マーが創業した阿里巴巴でさえも、そのゲームの材料として膨張しているに過ぎない、とした。このゲームのなかで、2008年のサブプライム以降、香港の貧しい人々の生活はますます圧迫されている。特にこの6年、膨張したチャイナ・マネーが大量に香港に流れ込んできた。香港政府の政策はなにもかも、このチャイナ・マネーに合わせるために行われている。60年代の日本の学生が経済発展がアメリカの支配下にあることに抗議したように、中国の支配下にある香港の経済発展に今の学生は抗議しているのだ、と。

かつて中国は経済力がなく、香港を操作するには、政治力を使うしかなかったが、今では圧倒的な経済力で支配している。特に、今の行政長官になってからが顕著であり、彼は、全ては中国に頼らなければならないのだ、と繰り返している。

私は、香港が中国の賄賂をはじめとするさまざまのブラックマネーが流れ込み、ロンダリングする場所として機能しているると聞いたが、それは正しいか、と質問した。長毛は「１０００％そうだ」と笑いながら答えた。彼らは、アメリカなどではできないことを、香港でやっている、と。

つまり、香港という街の存在を支える一国二制度は、中国の支配者にとっても都合が良いのである。また、国際金融は香港の最大の機能であるが、これは一国二制度によって支えられているのであり、言論や通信の自由なしに、投資活動をすることはできないのであって、これを「中国独自の社会主義」の制度のなかで円滑に作動させることはできない。それゆえ上海が香港にとってかわることは、制度上あり得ない、と長毛は指摘した。共産党が何をするにしても、香港という金の卵を割ってしまわないように、慎重にやらねばならない。ここを考慮に入れながら、香港人は様々の活動を通じて共産党と無言の交渉をしているのだ、という。

香港生まれ香港育ちの伯川氏は、基本法が一国二制度の期限を50年と定めているにもかかわらず、香港人の多くが一国二制度は期限後も更新されると信じている、と指摘する。それは人々がそもそも基本法を知らない、ということが背景にあるが、それ以外にも、その経済的根拠がここにある。中国共産党の支配者こそが、一国二制度の香港を必要としている、という考えである。とはいえその香港が真に自由で、真に民主的な場所であることは、彼らにとって不都合であり、そこそこに自由で、そこそこに民主的でなければならない。そこで自由と民主とを求める香港人は、「そこそこ」をどこにするかについての交渉を仕掛けている、と私は理解した。

一国二制度の期限の問題についてどう考えているのか、という質問に対して長毛は、五年後のことさえわからないのに、そんな先のことは考える意味がない、と言った。そもそも共産党支配があと何年もつのかわからないのだから、と。少なくとも彼は、単に香港のみならず、自分たちの活動が、中国共産党の支配体制全体にも影響を与えることを願いつつ、命懸けで戦っているのであろう。

銅鑼湾（コーズウェイベイ）で出会った日本語の堪能な女性は、この一国二制度の期限の問題について、次のように語った。彼女は、もし今のままの共産党支配が続いたままで、二制度が廃止される日が来れば、香港にはいられない。しかし彼女は、そのようなことが必ず起きるとは考えていない。そのときまでに、中国は民主化されるかもしれない。それなら一緒にやることに、何の問題もないし、そのように願って行動している、と。

中国政府は、深刻な問題を、今まではお金で隠蔽してきたけれど、その力が落ちてくれば、人民の要求に直面せざるを得なくなる。流血が必要かもしれないけれど、その力によって民主化する可能性がある。中国本土の人民の怒りは凄いことになっている。香港人は彼らに比べれば、むしろおとなしい。香港には問題があれば、逃げればいい、という考え方が根強くあるが、中国の人民は逃げるところがないから頑張るしかない。

そのような香港人が立ち上がることになったのは、なぜか。それは香港人が譲れないと思う部分に介入されたからだ。それは自由。とにかくそのやり方が香港人を馬鹿にしている、と感じられて、人々は怒っている。今回は、騙された、バカにされたという気持ちが強い。

長毛は、騙された、という感覚を次のように表現した。本来ならば普通選挙は２００７年に行われるはずであったが、２００３年に中国政府は解釈権を使って10年延期した。香港人は10年待ったというのに、与えられるのは偽物の普通選挙であった。それはまるで、１万ポンド貸してあげたというのに、債務者が1万ルピーを返却してきたようなものだ。そんなもの受け取れるわけがない、と。

しかし、中国本土ではそのような偽物の普通選挙が普通選挙とされているのであり、一国二制度の最終的解消を中国政府が目指すのであれば、香港に本当の普通選挙を与えることはそもそも難しいのではないか、と私は聞いた（実は、遠藤誉氏が第I部で説明したように、香港基本法には最初から、このような偽物の、あるいは中国独自の「民主的普通選挙」が行われると、わかりにくいように書いてある。それを見て、民主的な普通選挙が行われると期待していた香港人は、最初から騙されていたのである）。

長毛は次のように言った。中国の人民は銃を頭に突きつけられて「金を出せ」と言われているようなものだ。もちろん出さないわけにはいかない。出さないと見せしめに殺される。そのうち、人々は金を出さないと殺される、と思い込み、相手の銃を奪うことを考えなくなる。

このような状況全体を変えることが、香港雨傘革命の視野に入っていることは間違いなかろう。それゆえにこそ、中国は神経を尖らせるのである。そこで私は、台湾の選挙に香港の占拠が影響したけれど、意図していたのか、と聞いたが、長毛は、それは自然な結果であり、香港人が台湾のことを考える必要などない、と答えた。

長毛は今回の経験が意味することについて、次のように興味深い指摘をした。

占拠は人々の自発的な活動の集積として形成されたが、同時に、その限界も示された。完全に個人が自発的に動くだけでは、人々が求めていることは実現できない。今後は、組織性を高めねばならない。もちろん、武力を使って闘争する条件はないので、平和的で直接的な方法で闘争するべきであるが、もっと集結された行動を考えるべきだ。ストライキとか、ボイコットとか。街角の闘争と職場なりの闘争とが連結せねばならない。街全体を止めるような行動が今後の方向性であろう。

また、今回の事態により、若者が今の政府に対して信を失っており、むしろ嫌悪していることが明らかになった。今後の政府の統治は危機を迎えている。このとき、中間層専門職層と富裕層とがどう考えるかが重要な鍵を握る。彼らの支持を獲得すると、何かが起きるだろう。今回の占拠は、彼らから概ね嫌悪されてきたが、占拠が終わり、何も変わらない香港を見て、彼らは考えを変えるだろう。

というのも、占拠者に対峙した政府が、香港人に何をもたらしているかが、明らかになったからだ。中間層は、占拠が行われている間は、単に邪魔だと思っていたであろうが、占拠が終わった今、普通選挙が実現されない、ということの意味と、占拠した人々が目指したことを、彼らも理解するようになる。人々は香港が国際金融都市であるかどうかは気にしていないが、その繁栄の成果が自分に及ぶかどうかを気にしている。現在の行政長官のような人物が統治しているということは、その成果が自分に届かないことを意味するのだから。

確かに私は、占拠に参加した人々が「これで終わった」とはまったく考えていないと感じていた。占拠が行われていた場所に貼ってあったステッカーなどは、尽く剥がされていたが、また新たにステッカーが貼られており、それには〝I'll be back!《私は戻ってくる》〟と書かれていた。もちろんそれもすぐに剥がされるのであるが。

長毛はここで「組織」ということに言及したが、これについて我々の間で興味深い対話が展開した。

長毛は言った。80日間、香港の占拠では強盗や略奪などの犯罪は何一つ起きなかった。パリなどではデモ隊は歩道に上がらないように言われる。歩道に上がるとそういう犯罪に及ぶからだ。しかし香港では危ないから歩道を歩くようにと言われる。というのもデモ隊が犯罪を犯したり決してしないからだ。もし中国人が平和的方法を使わないとすれば、それはものすごく怒っているということだ。暴力を一旦振るったら、後戻りはできないと感じている。

それはまさに、私が天安門広場で見たものと同じだった。あのときの北京は、中国社会の自律的秩序形成能力が全開になっている安全な空間だった。占拠が始まる前よりも、始まってからのほうが安全だった。香港の占拠でも同じ機構が作動していたのではないか。私はそう指摘した。

長毛は占拠の始まった9月28日は、香港にとって奇蹟とも言えるような出来事だった、と言った。10万人が、自発的に集まって、警察の前に、平和的に立った。しかし、この件は奇蹟だけど、これを研究しなければならない。それが政治学というものだ。次回はこのような奇蹟を再現できるようにしなければならない。人類がいろいろな発明をしたように。

この話を聴いて私はガンディーの逸話を思い出した。イギリスは1919年に、反英運動を弾圧するため、令状なしの逮捕・裁判ぬきの投獄を認めるローラット法を制定した。ガンディーはこれに反対するため、ゼネストを呼びかけたのだが、それを「祈りと断食の日」とするように訴えた。ヒンドゥー教徒はヒンドゥー教の、イスラム教徒はイスラム教の、ジャイナ教徒はジャイナ教の、それぞれの宗教にあわせた祈りの場に行って、祈りを捧げるのである。そうして普通のストライキよりもはるかに徹底的な、すべての人があらゆる仕事をやめる、という徹底した「ハルタル」が実行された。

ちょうど香港では、占拠のあとに「ショッピング」という活動が始まっていた。それは、旺角（モンコック）などに夜に人々が「ショッピング」に出かけると称して集まる、という運動である。長毛はこれが「祈りの日」に似た工夫かもしれない、と言った。

しかし、いずれにせよ、もっと組織的にしないといけない。そうして初めて暴力が避けられるのだ、と言った。暴力を使わないから、もっと組織的になる。信念を持たないと暴力を振るわれた時に自制できない。逆に暴力を使うと決めたら使う。それが組織的。すべての革命はそういった組織性によって起きたのだ、と。

ここで刈部氏や深尾氏が、長毛の言う「組織」の意味は何なのか、と質問した。長毛は、集まった人々の間で、自然にリーダーが決まって、意思統一がなされていくような形。そうやって得た権力を人民に返すことができるかどうかが鍵だ、と言った。「まさにゲバラだ」と刈部氏が言った。

ここで次の訪問者がやってきたことを、彼の秘書が告げに部屋に入ってきた。最後に伯川氏が、遠藤誉氏から託された質問をより正確に聞いた。それは占拠運動と、香港基本法との関係である。

長毛は次のように答えた。この運動の目的は、確かに基本法と矛盾している面があるので、基本法の改正を求めることになる。それは、普通選挙をやってから改正してもいいだろう。それは力で変えるしかない。力というのは、人民の同意・反対なども また力である。暴力は政府しか振るえないのだから、人民に暴力はない。政府が崩壊するとすれば、それは内部から分裂して崩壊していくものだ。

これで長毛との対話は終了し、我々は記念撮影して（写真4）、部屋を出た。

前述の銅鑼湾で出会った日本語の堪能な女性は、長毛が今回の行動の前面に出なかった理由を次のように推測した。この運動は、新しい世代によるものであり、新しい感覚によっている。学生が創造的な方法をとったことで、これまでに起きなかったことを起こした。それが成功したわけではないけれど、何かを突破したことは間違いない。私はそれを応援したし、長毛もまたやり方は違うけれど、前面に出ることなく彼らを応援したのだと思う。今までの常識は通用しない。インターネットの普及によってまったく違うことが起きている。学生の新しい行動を実現した要素として、インターネットは大きい。

確かに、今回の行動はインターネットの普及によって、孤立した多数の個人がコミュニケーションをとれたことが大きいであろう。それなしには長毛の言う「奇蹟」は起きなかったに違いない。しかし長毛はそれだけでは目的は実現しない、と考えているのだ。彼の言う「組織化」が起きることが不可欠であるという。

この話を聴いて私は、日本の原発反対運動のことを思い出した。特に大飯原発の再稼働に反対するための金曜夜の首相官邸前のデモについてである。この反対デモは、明らかにツイッターやフェイスブックによって形成されたものであった。

【写真４】長毛のオフィスにて。左から安冨、長毛、深尾、伯川。

官邸前デモに私も何度か参加したのだが、気になることがあった。それは、たくさんの人が集まってはいるのだが、お互いにコミュニケーションしないのである。参加者は一斉に官邸に向かって「再稼働反対」のシュプレヒコールは挙げるし、誰かがマイクを握って演説すると、熱心に聞いている。しかし参加者同士が交流することがない。私はときどき隅っこに立って立ち止まり、人々の流れの反対向いて立ってニコニコしてみたのだが、ほとんどの人は険しい顔でうつむき加減に歩いていて、私と目を合わそうとしないのである。

私は「参加している人々の間でコミュニケーションが発生すれば、この運動はもっと広がっていくだろうけれど、そうでなければ、力を持てないのではないか」と考えており、当時、インターネット報道番組などでこの危惧を何度か口にした。そして残念ながら、その通りになってしまったように、私は感じている。

そもそも考えてみれば、首相官邸前の狭い歩道に膨大な数に人がひしめき合いながらおとなしく柵の内側を歩き、滅多なことでは車道に溢れ出さなかったのが、不思議でならない。どうせやるなら、柵を倒して首相官邸前の道路を占拠してしまうくらいのことでなければ、効き目がないだろう。しかし、人々は、逮捕者が出ることに非常に神経質になっていて、警察が目をつけそうなことは、決してやろうとしなかったし、そういう素振りを見せると、誰かが駆け寄ってきて制止していた。歩行者が車道に出たところで、逮捕することなど、できなかったはずだというのに。

「過激な行動」を嫌う普通の人々が参加できるようにするためにこのような配慮を行っていたのだが、それは同時に、人々が殻を打ち破って心を繋ぎ合うための非日常性を欠落させていた。「無縁の原理」が作動しないようなデモになっていたのだった。これが、天安門広場や、雨傘革命との違いであった。おそらく、台湾で学生たちが中国との関係強化に反対して議事堂を占拠した「ひまわり運動」とも違っていただろう。

もちろん天安門事件も雨傘革命も、それ自体としては失敗であった。しかしそれは、何かにつながる何かを生み出す力を持っていたと私は感じる。少なくとも天安門広場の爽やかな空気は、私に絶大な影響を与え、いまこの文章を書かせている。それに対して首相官邸前の空気はなにか湿っぽかったように私は感じている。

ガンディーの「サティヤーグラハ」は「真理把持」という意味だが、それではなんのことかわからないので、「非暴力的抵抗運動」と訳す。ガンディーの運動は極めて挑発的で徹底的であり、殴られても蹴られても、挙句の果てには殺されても、抵抗をやめない、決して服従しない、という性質のものである。

積極的に逮捕されるようなことをみんなでやるのは常套戦術である。南アフリカでの戦いでは、何千人ものインド人がわざと逮捕されて、刑務所を満員にする、という作戦で、インド人に対する差別的法律を撤廃させることに成功している。また、有名な「塩の行進」も、違法な塩の製造をみんなで海岸に行って大っぴらにやって逮捕される、というものであった。

しかしどういうわけか日本人は、これをまちがって「ガンディーの無抵抗主義」とよく書いたり言ったりしている。たとえば「学研まんが世界の歴史」というシリーズで『アジアの植民地化と無抵抗主義者ガンジー』という本が1993年に堂々と出版されており、今も絶版にならずに売られている。長澤和俊という早稲田大学名誉教授の東洋史学者が監修しているというのだから、驚きである。

私はこれは単なる勘違いではなく、日本人の心性が反映しているのだと思う。「抵抗＝暴力」「非暴力＝無抵抗」というような思い込みが心理的構造のなかにあり、「非暴力かつ抵抗」という組合せが、論理的に矛盾しているように感じられるのであろう。だがガンディーの精神からすれば、暴力を用いないと抵抗できないと思うのは「弱虫」ということになる。

そういえば日本国憲法の前文には、「日本国民は、恒久の平和を念願し、人間相互の関係を支配する崇高な理想を深く自覚するのであつて、平和を愛する諸国民の公正と信義に信頼して、われらの安全と生存を保持しようと決意した」と書かれているが、これはガンディーのサティヤーグラハの精神とはまったく違う。

「平和を愛する諸国民の公正と信義」といった、自分の外部の何かを「信頼」して成り立つ非暴力は、その信頼を失ってしまえば成り立たなくなる。一方、ガンディーは、イギリス帝国主義の暴力というような、最初から何ら信頼に値しないものと非暴力で戦い、徹底的に抵抗した。なぜ暴力を使わないのかというと、そんなものに頼ったのでは決して勝てない、と考えたからである。ガンディーが信頼するのは各人の感じ取る「真理」であり、それを「魂の力」と言い換える。

私は銅鑼湾で戦った人々から、このような決意のもつ爽やかさを感じた。件の女性は「確かにこのように集まることは、今の法律では違法たりうることは知っているし、私たちの行動がそれに該当しうることも認める。けれども、これは私たちが元々持っている権利だし、それを一時的に不当に奪われているに過ぎない」と語った。これはまさに非暴力的抵抗の精神である。

次頁の写真は指導者の一人「香港專上學生聯會（Hong Kong Federation of Students）」の副秘書長である

【写真５】岑敖暉、逮捕の瞬間
(https://www.facebook.com/492838224191873/photos/pb.492838224191873.-2207520000.1424420091./509756755833353/?type=3&theater　より引用)。

岑敖暉（レスター・シャム）が逮捕される瞬間の有名な写真である。ここには非暴力的抵抗の精神が見事に表現されているように私は感じるのである。

深尾が８章で指摘するように、今回のオキュパイ・セントラルという方式を提案したいわゆる「占中三子」の声明文では、「公民抗命 (civil disobedience)」を掲げている。ソローの「市民的不服従　civil disobedience」を中国語では、何通りかに訳すが、「公民抗命」はその一つである。この訳は、日本語訳よりも力が備わっているように私は感じる。

ソローの提案した戦い方を、具体的な政治運動として実現したのがガンディーだと私は理解しているが、彼はそれを当初、「受動的抵抗 passive resistance」と英語で呼んでいたが、インドの言葉に置き換えるべくいろいろ考えて、サッティヤーグラハと名づけた。「サッティヤ」は「真理」で「アーグラハ」は「把持する」という意味である。嵐の中を真理という馬にしがみついて走り抜ける、というイメージを思い浮かべるとよい。

ガンディーは、イギリスのある委員会に呼ばれて、お前の言う「真理」を決める基準はどこにあるのだ、と聞かれて、「それは各人に課せられている」と応えた。真理は各人に宿り、それが全宇宙の真理とつながっている、というのがヒンドゥーの考え方であり彼の考えでもあったからである。それゆえこれを、彼は英語で「魂の力 power of soul」とも表現している。

ガンディー自身はこれを次のように説明している。

「サッティヤーグラハ」、または「魂の力」は英語で〝受動的抵抗（パッシヴ・レジスタンス）〟ともいわれています。この語は、人間たちが自分の権利を獲得するために自分で苦痛に耐える方法として使われています。その目的は戦争の力に反するものです。あることが気に入らず、それをしないときに、私はサッティヤーグラハ、または魂の力を使います。例として、私に適用されるある法律を政府が通過させたとする。私には気に入らない。そこで私が政府を攻撃して法律を廃止させるとすると、腕力を行使したことになる。もしその法律を受け入れず、そのために下される罰を受け入れたとすると、私は魂の力またはサッティヤーグラハを行使することになる。サッティーヤグラハで私は自己犠牲をする。

（ガーンディー『真の独立への道（ヒンドゥ・スワラージ）』田中敏雄訳、岩波文庫、2001年、110-111

頁）
深尾が引用した占中三子の主張には、この通りのことが書いてある。彼らは明確にガンディーの戦い方をこの雨傘革命に導入しようとしたのである。
さて、「抗命」が具体的に何を意味するかであるが、占中三子の「公民抗命」の説明では、
「公民為了對抗不公義的狀況，拒絕遵守法律、要求或命令」（公民が、公義に反する状況に対抗するため、法律・要求・命令の遵守を拒絶すること）
となっている。「公民為了對抗不公義的狀況」が主で、「拒絕遵守法律、要求或命令」はその具体的なやり方の説明だと思われる。
そうすると、「命＝不公義的狀況」ということになる。香港における「不公義的狀況」というのは何であろうか。おそらくは、

- 香港人の考えを聞かずに、中国とイギリスとが勝手に彼らの運命を決めたこと
- そのときに約束したことを中国が守らなかったこと、あるいは、香港人を騙したこと

と彼らは考えている。今回の占拠は、このような怒りを表現し、状況に対抗するために行われたわけ

である。

長毛の言う「組織化」は、組織を作ろうとしてできるものではない。このような精神が鍛えられ、それがつながり、コミュニケーションの渦のなかで波及し、広がっていくことで実現されるはずだ。ガンディーはそれを「糸車」や「塩」というモノをメディアとして広げ、「祈り」という振舞いとして実行した。

近代東アジアには残念ながら、ガンディーのような指導者は現れていない。侵略者であった日本は言うに及ばず、孫文にせよ蔣介石にせよ毛沢東にせよ（ついでに言えば長毛も）、暴力の信奉者であり、非暴力闘争の指導者ではない。いま我々は、天安門広場を淵源とする非暴力闘争の流れが、台湾のひまわり革命や香港の雨傘革命を通じて、東アジアに広がり始める姿を目撃しているのかもしれない。

この流れに日本は乗り遅れているように思うが、それでも辺野古移転をめぐる戦いでは、その一端が示されている。先の沖縄県知事選と衆議院議員選挙で構築された「オール沖縄」体制は、普通選挙が実現されていながら、機能しないでいる日本本土に対する強烈なメッセージであった。沖縄は日本の植民地であり、それゆえにこそ日米安保体制という日本の「半植民地体制」の暴力性が、集中的に析出している場である。

香港や台湾もまた「植民地」状況を呈している地域であり、沖縄と空間的にも近接している。私はここに、東アジア救済の希望を見るのである。

＊追記

本章校正中に、伯川氏のご教唆によって、陳雲根嶺南大学助理教授（ペンネームは陳雲）の『香港城邦論：一國兩制、城邦自治、是香港生死攸關之事』（天窗出版社、香港、2011年）を入手した。彼はウェブ上で同年に「香港城邦自治運動總綱」を発表している。そこに示された思想は、私が聞いた長毛やバリケード参加者の考えと良く共鳴している。

ここで詳細に検討する余裕はなく、今後の課題とせざるを得ないが、ただ一点、陳雲根が示した次の構想に、言及しておく。彼は、香港の自立的な城邦運動は、中国共産党の一党支配体制の来るべき解体に際して、重要な役割を果たす、と言う。中国政府の国家運営が停滞し、行方を見失ったときに、香港が自由と民主主義に基づいた秩序形成の拠点となるはずなのだ。そのときに備えて、ポリスとしての香港社会を守り抜くべきだ、という。

この構想は、遠藤が本書の執筆過程で到達した地点と即応している。香港の若い思想家が状況の只中で見出した地点に、中華人民共和国の成立を身をもって体験し、客観的な研究を展開する遠藤が、まったく独立に到達したという事実に私は、背筋が寒くなるほどの重要性を感じる。

また、陳雲根の論評にしても、長毛やバリケード参加者の話にしても、ある種の思い込みに基づいた楽観の作用を感じる。それは、天安門広場にいた私が、学生たちと共に、人民解放軍が丸腰の人民に銃を向けるはずがない、と信じていたのと相同である。この幻想がなければ、人々が立ち上がることはないのであり、それこそが力の源泉ですらある。

さらにいえば、人民解放軍が人民抑圧軍に過ぎないという事実を露呈したことは、中国共産党の支配体制に決定的な打撃をあたえた。人民の抱く幻想に基づく信頼こそが、支配体制の正当性の源泉であって、それを自ら葬り去ったことは、大変な愚行であった。近い将来、中共一党支配体制が解体するときが来れば、その淵源は天安門広場の発砲にあった、と人々は考えることであろう。

第8章

It was not a dream 夢ではなかった
——占拠79日を支えた想い

深尾葉子

20年目の香港へ

今回香港で、「真の普通選挙」を求める市民の大規模な占拠活動が続いているなか、どうしても現場で人々の声を聴きたいと、香港に向かうことになった。

香港に初めて足を運んだのは今からちょうど30年ほど前。卒業旅行に中国南方に行くのに、香港を経由することにしたためだ。その際も、そしてその数年後北米のチャイナタウンを旅したときも、大学で習得した北京語がまったく使えないことに衝撃をうけ、広東語を始めることにした。その後文化人類学の中国研究の方法論を学びに香港中文大学に数か月滞在したのは１９９３年秋から翌年春にかけてであった。当時の香港は97年の返還に向けて人々の生活がカウントダウンに入っており、海外へ移民する人々、香港に残る人々、海外関係居民（ＢＮＯ）というイギリスの旧植民地領にのみ居住する権利を持つパスポートを申請する人々、など香港650万人の居民が97年の返還後に向けて、それぞれの道を迷いながら模索していた。啓徳空港《カイタック》には、移民を決めた人たちと残ることを決めた人々との涙の別れのシーンが毎日のように繰り広げられ、恋人や友人や家族が次々と、北米やオーストラリア、ニュージーランドへと旅立ってゆく。多言語を操り、グローバルな国際市民である香港人は実は、心の中で多くの矛盾を抱え込み、引き裂かれつつ、したたかに生きる道を求めていた。そんな香港人は、政治に関しては口を挟まず、「唔関我事《シグアンオースィー》」(It's non of my business.) を口癖として、多言語を獲得し、お金を得ることで、自らの自由を確保する人々であった。当時中文大学人類学系で指導教員となっていただいた台湾の人類学者、陳其南教授は香港に到着したばかりの私に「香港には市民社会はない。ここでは各人が利己的に振る舞うだけで市民社会は形成されていない」と言い切って、私を驚かせた。

実際に私が接した多くの学生や香港の人たちも、複数の名前と言語を使い分け、1日の時間を使い分けて、あの密集した狭い空間でひしめき合いながら必死に生きていた。多くの人々は大陸から逃げてきた両親を持ち、自らは英語と広東語を話し、大陸の中国人とは異なる心情を持つ「香港人」としての意識を抱きながらも、「香港」という場所に居留まって何かを実現するよりは、時には逃げることを選び、その中でより現実的に「対処」しつつ生きることを選ぶ人々が大勢を占めていた。少なくとも、そうせざるをえない状況が立ちはだかっているのが香港の「植民地的状況」であった。

そんな香港に一定期間滞在すると、その空間的な圧力の高さとともに、時間がせわしなく区切られることに心身ともに疲弊するような感覚を味わうようになっていた。街角では人々が隣の人に目もくれずに無表情で歩き、道路では2階建てバスやタクシー、マイカーがひっきりなしに通り過ぎ、信号はカチカチカチと常に人々を追い立てるような音をたてる。車道、歩道を問わず商店に荷物を届ける手押し車（カート）を押す人が乾物や干物などの荷物をいっぱいに積んで人混みを縫うようにして行き交う。そんな中、多くの香港人は2つ以上の仕事を使い分けたり、長時間労働に従事していた。5時までのサラリーマン生活が終わって自宅に帰って慌ただしくスープを飲んで食事を済ませると、今度は8時から自分で起こした会社の仕事をする。そのために人に会ったりするのは午後9時頃からだったりすると、友人と会うのはさらにそのあと、夜11時頃からだったりする。ある種の典型的な香港人の若者は、5時までのオフィスでの自分、家に帰ってお母さんのスープを飲む自分、そして副業タイムの自分、友だちや彼氏彼女と過ごす自分を使い分け、名前も使い分けて、1日の中でいくつもの自己を演じ分けて過ごす。

そんなタイムスケジュールが可能なのも香港のあの超高密度な空間があればこそだ。街全体が、高層ビルで立体的に構成され、地下鉄やバスの交通ネットワークで網の目のように結ばれているため、時間ごとに場所と言語と名前を変え、異なる自分を演ずることが可能になる。それは国際都市香港の「エネルギッシュ」で「ダイナミック」な力の源泉であるとされているが、その中に生きることは多大なエネルギーを必要とする。

香港に長期滞在するまでは、当時流行していた、周星馳《チャウセンチー》のコメディ映画などの速度についてゆけず、刺激過多で見ると疲れるように感じていた。しかし香港滞在中にそれらの映画を見ると、逆にストレスが発散されるような心地よさを感じた。香港での、空間的時間的な密度の濃い生活では、気分転換をするにも、慌ただしい速度とリズム感が必要とされるようになるのかもしれない。香港の信号はかつて、赤に変わる直前になると、カチカチカチという音が速度を増して、人々を急き立てる設定で、どの家も街路の上の高層ビルで大半が窓を開け放しているため、寝ている時も食事の時も、常時この「カチカチカチ」という音が鳴り響いていることが多い。こうした「喧騒」が日常化した環境に暮らしていると、「喧騒」のない静けさは、逆に落ち着かなく感じられるようになる。アメリカやカナダに移民した香港人の多くが、ホームシックにかかり、「静かすぎる」と半ばノイローゼになって、数年を経ずして香港に舞い戻ったりする理由は、こういうところにもある。

さらに香港人の多くは、階下に商店を持つ雑居ビルのような建物に居住しており、アパートの下には必ず「茶餐廳《ツァーツァンテーン》」や「粥店」があり、家でシャワーを浴びたあと、パジャマとスリッパで食べにいくような生活スタイルが日常であった。近年は郊外の高層ビルに住む人も増え、そのような生活を望めないケースも多くなったが、それでも階下には大きな「酒楼《ザウラウ》」と呼ばれる飲茶の店があり、休日の朝などには、香港じゅうにばらばらに住む家族がそこで集合したりする。香港の人々にとって地下鉄などの駅から徒歩数十分というような家は、余程の金持ちの豪邸でもなければ、現実的ではない。家族が多く、家のトイレがひとつしかない場合、急いでいる時には階下のマクドナルドのトイレを借りたりするような、生活が半ば街にはみ出したような空間が生活の場であった。

また、当時の香港は、多くの人が移民として流出し、同時に常に大陸や周辺各地から新たな移民が流れこむ社会であり、人口統計上の数は漸増傾向にあるのみだが、実際には大量の人々が入れ替わっている、という状態であった。その状況を私は当時「まるで注水すすぎの洗濯機の中にいるようだ」

と感じていた。新たに水が注入されながら、余分な水は排出され、全体としてグルグルと渦をなして回り続ける社会。

そんな高密度で高速度の香港に暮らしている香港人は、先にのべたように時間と空間と価値観を適宜分断し、自分の意思で変えることのできない現実とはできるだけコミットメント（関与）を避け、逃げることを含めた自分自身の生活の場の確保にエネルギーを注いでいた。これは「植民地化」された香港で許された香港人の「自由」であり、自己の主張を貫徹したり、生き方を貫いたりすることは、現実的ではないし、許されないことであった。

返還後の香港に生まれた新たな生きざま

そんな香港の人々が、返還を経て、自らの主張を貫き、自らの短期的利益を顧みず、街に繰り出し、当局との衝突や逮捕、危険を覚悟の上で、街頭占拠を続ける。その理由は何なのか。逃げることを前提に、自分に不利益になるような主張や関わりを避けてきた香港人に、どんな変化が生まれたのか。中英返還交渉の中で、一国二制度が期限付きで定められ、中国当局は一歩も譲る姿勢を見せないなかで、街頭占拠に参加した人々は今後どんな展望を持っているのか。占拠に批判的であった人々は今回の運動をどのように見ているのか。

こうしたことを、どうしても直に訪れて人々に訪ね、感じ取りたくて占拠の撤去がほぼ完了する12月の香港に向かった。

大学の仕事の都合や、一緒に調査するメンバーの都合で、この時期に設定せざるを得ず、占拠はおおかた撤去が収束している中の香港訪問だった。唯一残っているのは銅鑼湾（コーズウェイベイ）と立法局前、英国領事館前などで、占拠の中心であった金鐘（アドミラルティ）の占拠は前の週にすでに撤去されていた。しかも調査日は実質わずか2日。その1日目の午前が、ちょうど銅鑼湾の撤去の日にあたった。

活動日初日、まずは、移動に便利なようにと宿をとっていた金鐘から湾仔（ワンチャイ）に向かい、そこで何十年もヌードルショップを経営している家族を訪ねた。オキュパイの期間中、沿線の多くの飲食店や店が、交通封鎖や占拠の影響で、客足が遠退き、営業にダメージを受けていると報道されていた。同店は、筆者が1993年年中文大学在籍中にドミトリーで同室だった友人の家族が経営しており、日頃は湾仔や金鐘のビジネスマンや学生に人気のある手作りのスープと具が売りものの麺の店である。大陸からの移住後一代で築き上げ、当初は屋台であったが、店舗を持って3人の子どもを育て上げた。毎朝早朝3時には仕込みに入り、1年じゅうほぼ休みなく営業を続けている香港の典型的な独立営業の飲食店である。同家族の家は、通りを隔てたビルの中にあり、家族はその家と店を行ったり来たりして交替で店を切り盛りし、今は近所に住む長男が店の業務を引き継いでいる。店は「外売」（テイクアウト）か立ち食いのみの狭い造りとなっており、朝一番に同店を訪れ、自慢のフィッシュボールやイカ、モツなどの具を入れた細麺を、持ち帰り専用の発泡スチロールでできたフタ付きのお碗に入れてもらい、店主の家に持ち帰って、ひさびさの香港らしい麺をいただきながら話を聞いた。

金鐘から電車道を湾仔のほうに少し歩いたところにあるその店は、9月28日、金鐘オキュパイの初日、警察によって催涙弾が放たれ、湾仔の地下鉄入り口が封鎖された日以外には、特段影響はなかったという。また、その家のお母さんは、学生たちの主張には理はあるものの、オキュパイという方法はよくない、なぜなら道路占拠されて困るのは香港市民であって、政府は何も困らないからだ。政府が困らない方法で要求をしても、効果がない、市民が困るだけだと語っていた。三番目の息子も、「基本法を覆すことはできないのだから、香港の秩序を乱す学生たちの活動には賛同できない」と批判的だ。ちなみに私のルームメイトだった二番目の娘は、今北米の研究機関に勤めていて、現地にすでにマンションも購入して香港にはめったに帰ることがない。一家は国籍をとるために、一時カナダに不動産を購入し、居住していたこともあったが、それは売り払って今は香港に戻っている。

テレビをつけながら話をしている間に、銅鑼湾占拠解除予定時刻の10時が近づいていた。我々調査メンバーの一人、刈部謙一が「先に行って様子を見てくる」と言って現場に向かったが、家の人は、警察の撤去があるときはその周辺は近づくことはできないし、近づけば混乱に巻き込まれて警察に捕まえられることもあるので、ひとまず近づかないほうがよい、と言う。まずは薦めにしたがって、家でニューステレビの報道を見ていることにした。香港のテレビには、24時間ニュースだけを繰り返し報ずる専門チャンネルがあり、他の番組でも、画面に小窓が出て、銅鑼湾の撤去の模様が実況中継されていた。日本のテレビ報道は大きなデモがあっても、ほとんど報道しないか、したとしてもごくわずかで、主としてインターネット報道を通じてしか情報を得られないが、香港では現時点で少なくとも、デモやオキュパイの状況を逐一テレビで報道し、賛否両論はあるものの、社会全体が注目し、人々の動きの連鎖を作り出している。その意味では、イギリス植民地時代の伝統をわずかに残す香港のメディアは、日本の「報道自粛」文化よりも自由度が高い。

銅鑼湾撤去の実況中継は、最初は警察の責任者による最後の警告の模様を報道していた。警告の内容は、これから数十分以内に、警察は銅鑼湾の撤去を行うので、占拠者はそれまでに退去するように、退去しない場合は、身の安全が確保されないこともある。すみやかに安全な場所に退避するように、と現場にしつらえた高い台からたくさんのマイクを前に、繰り返しアナウンスしていた。

まもなく撤去が始まろうとするとき、先に現場に向かっていた刈部氏から連絡が入り、現場は立ち止まることは制限されているけれど、大きな混乱はないので、今すぐに来たほうがいいのではないか、ということであった。

我々は商店主の案内によって、まずは路面電車に乗り、現場からもっとも近い駅（占拠は路面電車の道を封鎖していたので、迂回運転をしていた）で降り、占拠のあったそごう前に向かった。

現場では、たくさんの報道が占拠者のすぐ近くでテレビカメラやスマートフォンを掲げて撮影したり録画したりしており、少し離れた歩道橋の上には報道各社が集結

あらかじめ歩道の上にカメラを据えて待ち構える報道陣。

し、カメラを構えていたため、報道の許可証を持っていない者は、道路から近づくしかなかった。また、道路上は多数の警察官が、占拠区のまわりを取り囲んで、周辺に集まる人が立ち止まらないよう誘導していたため、移動し続けなければならなかった。

Interview 1 現場を遠くから眺める人たち

香港が好き。でもやっぱりここを出ていくしかない

我々が現地についたのは、撤去がはじまって30分以上経過した頃であり、大方の占拠者はすでに現場を離れていた。警察が残されたテントや構造物などを取り除き、周辺の人並みを誘導するなかで、最後まで占拠を続けようとする数名が、まだ座り込みを続けていた。最後まで残っていたのはかなり年配の男性だったが、そこは何重にも取り囲まれていて、我々はその声を直に聞くことはできなかった。

撤去の模様を一目見ようと集まった市民や外国人がスマホをかざしながら現場周辺をとりまいていた。多くの目が注がれる中、警察も概ね平静で、丁寧な誘導を心がけていたが、一度だけ誘導と反対の方向に、同じメンバーがいるため横切ろうとすると、突然大きな声で激しく怒鳴りつけられた。丁寧な様子の警察が、いつ暴力的な行動に出るかわからないという緊張感があった。我々は、占拠された道路に面した中洲のような場所にある薬局の入り口に立ち、ちょうど、買おうと思っていたタイガーバームや香港の枇杷膏と呼ばれる咳止めシロップなどを購入し、店の人と話しながらしばらく様

子を見ていた。しかしあまり長く店の中に居座り続けるわけにもいかないし、視点を高いところに移さなければ人並みしか見えないため、移動を開始し、大丸から電車道を怡和街《イーウォーガーイ》（この一角が銅鑼湾占拠の中心地区であった）に向かった。横断歩道を渡って、どこかビルの中から現場の様子をみることのできる適当な場所はないかと探すと、ちょうど、道路の向こう側にあるマクドナルドの2階と3階から占拠撤去の模様を見ている人々がいるのが目に入ったため、さっそくそこに上がって現場を見ることにした（写真）。

　マクドナルド店内は大半が普通の客でいっぱいで、2階と3階にわかれたフロアはほぼ満席。ただ、窓際の席だけは、窓に張り付くように外を見下ろしており、明らかに撤去の様子を見るために、そこに座っている人たちであるように見えた。我々は、手分けしてま

左上のマクドナルドの店内から撤去の模様を眺める人々が見える。撤去は右手方向。

ず2階と3階の窓際の空席を探し、一方でドリンクを注文した。3階は実はあまり下が見下ろせない構造になっており、見下ろせるところはすでに人が座っていた。2階奥には集団と見える人がいて、手前は2つのテーブルを見知らぬ人たちが座っているもののいくつかの空きがあった。まもなく老人の男性が席を立ったので、その向かいに座って後ろの女性と話をしながら道路を見下ろしている女性に声をかけ、一緒に座ってもいいかと尋ねた。飲み物を注文し終わって、テーブルにつく頃にはちょうど3つの席が空き、後ろのテーブルの中年女性もちょうど立ち去るところであった。

道路では、重機と廃棄物を搭載する大型トラックが到着し、残された木の看板や机、書棚などの撤去の遺留物を取り除いているところだった。プラカードやメッセージが書かれた板も重機によって破壊され、次々とトラックに乗せられていく。その様子を見て、後ろの席の女性は、ため息をつきながら立ち上がり、コートとマフラーを羽織って「私はとても悲しい」と何度も呟いた。「この撤去を見に来たの？」と尋ねると、この女性は比較的流暢な北京語で、「そう、今日は占拠の最後の日だからね……とても悲しい」（因為今天是最後一天，我很傷心，很傷心…）と何度も呟いて、そして我々に別れを告げて帰っていった。

残ったもう一人の女性はその女性を見送るとまた、じっと窓の外を見ている。隣に座って「あなたも撤去の様子を見に来たの？」と広東語で尋ねると、我々の様子を見て、少し頷き、「あなたがたはどこからきたの？」と聞く。日本からこの占拠の様子を見にきた、と伝えると、少し心を許したように、「私は、子どもがいるから、あそこに行って占拠に参加することはできない、だからこうやって遠くから見守ることしかできないの」と言った。「お子さんはいくつ？」と聞くと、「2歳と8歳、子どもの未来のことを考えて運動に参加したかったけれど、あの場に行くとあとあと影響があるかもしれないし、万一逮捕されるようなことがあったらいけないから、こうやって遠くから見ている。彼らの活動を支持しているけれど、自分にはこうやって見守ることしかできない」と少し涙ぐんで話した。

そこから、しばらく一緒に撤去の様子を眺め、私達の名刺を出し、「今この一連の香港の人々の動きについて、日本で本を出版しようとしていて、いろんな人の意見を聞くために来たんだけれど、あなたのお話を聞いてもいい？」と尋ねると、「ええ、名前と顔を出さないでいてくれれば」と言って、話し始めた。この女性はおそらく30代後半から40歳前後で、銅鑼湾の近くに住む家庭の主婦である。日頃お母さんどうしこんな話はできるか、と尋ねると「友人の大半は、すでに一度海外にでて香港にもどってきた人たちで、彼女らは、どちらかというとこの運動に無関心なので、話題にすることは難しい」という。オーストラリアやカナダの国籍をとって、主として夫の仕事の都合上、子どもを連れて香港に戻ってきている人たちが周辺の住宅には多いそうだ。

女性——その人たちは概して運動には批判的。でも私はその当時どこへも行かなかった。

——じゃああなたはＢＮＯ（注：英国の海外関係市民というパスポート。２００万人以上が所持している）なの？

女性——そう。その時は香港に残ろうと思った。でも今日のこの日を見たことで、移住先を考えなくては、と思い始めてる。

——海外で国籍をとっている人たちには他人ごとなの？

女性――そう、自分たちには関係ないっていう感じ。大陸と経済的には密接につながっているんだから、北京政府にたてつくようなことをしても意味が無い、と考えているみたい。だから彼女たちとは占拠の話題は避けているし、彼女たちには内緒でここに来ているの。彼女たちと気持ちを同じくすることはできないし、会話するにも気をつかわなくてはいけない。

少しずつ心境を語り始めるこの女性は、今回のことがきっかけで、フェイスブックで「アンフレンド」(友人関係を解消する) されるようなことがしばしばあったという。今回の占拠は、これまで移住によって引き裂かれてきた香港の人々同士のつながりを、再び分断する作用を果たしている。

女性――でも今、私も海外へ移住することを考え始めないといけないと思ってる。多分数年後に移住する。香港は好きだし、自分だけならいいけれど、子どもたちの世代のことを考えると、ここに残るわけにはいかない。

――私も返還前に香港にいたことがあるけれど、去る人は去って残る人は残った。英国から中国へ返還されて、ようやく香港は植民地から脱して、自ら決めることができる社会になるかと思ったら、そうはいかない。かつての香港は、自分の身の振り方だけを考えて、誰も香港の政治や自治について本気で関わろうとしていなかった。それがようやく香港の人々が自らの場所を本気で自らで決定したいと考えるようになって、「香港人の香港」が実現する兆しが見え始めた瞬間に、今回のこの結果……結局、香港はこれまでも、これからも香港の人々の手によって決定されることはない……香港人を素通りして、新たな植民地となったんじゃないか、というそんな気持ち？

そう聞くと、驚いたようにこちらを見つめた。

女性——あなたはどうして私の気持ちがわかるの？　私が言いたかったこと、そのまんまを今あなたが言ってくれた。その通りよ。

——でも、これから移住といっても経済的にも大変でしょ？　そして住み慣れた場所を離れなくてはならない。

女性——そう、私は香港の街が大好き。できるものならずっとここにいて暮らしたい。でもそれは許されないのだ、と今この撤去を見ながら考えていた。大変だけど、出てゆくしかない……と。

私が話しかける前に、真剣に撤去の様子を見つめる彼女の様子から、なにか悲壮な決意が感じられたのだが、それはまさに自分たちは受け入れられない、ここから立ち去るしかない、と感じていたためであった、と改めてその思いに触れた。

先に立ち去ったもうすこし高齢の女性のほうは、「私はもうどこへも行くことはない。でもこれからはまた黙るしかない」と、別の悲しみを胸に立ち去った様子であった。

移住を考えることにした、という女性と、個人的な記念として残すだけ、公表しないと約束して一緒に写真をとり、連絡先を交換しあって別れた。私もしばらく、彼女の心の悲しみを感じていた。

その後我々も、いったん席を立ち上がって移動を開始しようとしたが、やはりどうしても奥の2つのテーブルを占領して、座っているグループが気になる。そのグループは最初数名であったが、徐々に人数が増え、小さな子どもを含め10人近くが窓の外の様子をじっと見つめ、そのうち何人かはテーブルに突っ伏してぐったりと寝ている。これはひょっとして占拠に参加していた人々ではないか……。彼らに話を聞く必要があるんじゃないか。そう思って通訳の伯川くん（彼は香港育ちなので香港人と同じ広東語を話すことができる）に声をかけてもらうことにした。

すると、やはりつい先程の退去まで79日間ずっと銅鑼湾で寝泊まりしていた人たちで、占拠を通じて知り合った人たちであることがわかった。我々は、私達の訪問の目的と身分を明かし、彼らの数名に、聞き取りをしたいけれど、構わないか、と尋ねたところ、「できるだけ協力する」と快く応じてくれた。

Interview 2　オキュパイに参加した人々

政府のやり方は暴力的。占拠は違法だけれど、ほかに方法がなかった

＊インタビュー場所：銅鑼湾の占拠区に近い怡和街に面したビル2階にあるマクドナルド

――あなた方はもとから知り合いだったの？

L　――いいや、もともと知り合いではない。9月にテレビを見て驚いて、ここに占拠に来てから

知り合って、79日間毎日顔をあわせて、今では強いつながりで結ばれる仲間になった。

——この2カ月間、ずっとここにいたの？

H ——学生だったり勤めていたりしている人もいる、勤めている人は、昼間仕事をして、夜はここに帰ってくる。ほとんど家に帰る暇もなく79日間ここに通いつめていた。今は疲労と脱力で、皆クタクタになっている。

——最後まで残っていたのは誰？

H ——年配の人たちで、彼らは逮捕されるまで居座る覚悟だった。

——あなたたちは学聯や学民思潮とつながりがあった？

L ——いや、ここにいるのはそれぞれ自発的にやってきた市民ばかりだ。最初から経緯を説明すると、こうだ。香港は89年の天安門事件に自分たちの将来を重ねあわせ、返還後の香港に不安を抱くようになった。そして1997年に返還を迎えた。香港特別行政区基本法、及び中英交渉には、当初普通選挙によって行政長官を選ぶことができることが示唆されており、それは2007年と考えられていた。それが後に延期され、2017年からとされるようになった。その方法について2014年の前半から数カ月かけて香港市民にアンケートをとり、民意の調査を行った。ところが、6月10日に国務院によって出された「香港白書」では、香港の民主は制約されたものであり、あくまで中央の承認を得なければならない、と名言されており、香港の人々の大きな不満を買った。それはアンケートの内容を反映していないものであったからだ。さらに8月31日になって、北京政府は全人代常務委員会で選挙制度の改正案を決定し、香港の行政長官選挙は、指名委員会の過半数の指示を得た2、3名の候補者から選ぶことと定めた。

H ——例えていうと、香港の人たちはバナナを食べたいと思っているのに、目の前には、リンゴ、オレンジ、パイナップルだけが並んでおり、しかもそれらは腐っている。その選択肢の中から好きなものを選びなさい、と言われているようなものだっていうこと。

L ——それで多くの香港人が怒り、なかでも学生の反応がもっとも激しくて、当初中文大学など大学内で5日間のボイコットが起こった。それは大学には行くけれど授業には出ないというものだったけれど、学校の中だけでは社会に影響力がない、というので街に出ることにした。当初学生たちは、金鐘の公民広場で集会をする申請をしたが、許可されず、同じ時期親中派の国慶節のお祝いの集会には許可がだされたことに不満を表明。その周辺の添馬（タマール）公園に集まろうとしたが、当局が同地区に入る道を封鎖したため、9月27日から28日未明にかけて政府大楼に隣接する金鐘の道路に座り込みを開始し、10万人に及ぶ市民が続々と結集して、以後70日間あまりにわたって各地で占拠を開始した。警察の動員はまったく間に合わなかったため、当局は強硬路線をとり、同日夜に催涙弾を投げられ、車道に人が溢れた。人々は周辺から包囲される形で催涙弾を受け、目をやられたもの、直接肩や身体にあたったものもあり、被害にあった市民が次々と教会などに避難した。催涙弾に対応するため皆が雨傘をもちよったことから雨傘革命と呼ばれるようになった。同じ日、旺角や銅鑼湾にも市民が押し寄せ、各地で占拠が開始された。

T ——私は、占拠をテレビで見て、自分も行かなくては、と思って28日に占拠場所に行ったの。午後2時をすぎると人はどんどん増えて、湾仔の駅も入れないくらいになっていた。現地で知り合った3人の女性と4人で手を組んではぐれないように動いていたけれど、私たちはみんな小柄なので、周りで少し動きがあるとすぐに押し潰されそうになってしまう。何時間かたって、突然道路の占拠地区全体が警察に囲まれて、身動きがとれなくなって、その直後に背後から催涙弾が投げ込まれた。一瞬何が起こったのかわからなかった。まるで脱出できないように閉じ込められて、そして攻撃されたような感じ。たくさんの人が苦しんだり目の痛みや身体が焼けるような熱さにうずくまって大混乱になった。近くにいたお婆さんも、苦しくなって助けを求めていたけれど、警察は訴えを無視したので、皆で助け合った。本当に息苦しかった。午後11時、実弾発砲もあるかもしれない、という情報が飛び交って、私たちはなんとか地下鉄まで辿り着いて、家に戻ったの。政府のやり方はとても暴力的。返還前の共同声明が破壊されたし、香港の価値観が踏み潰され、中国からどんどん人が入ってきて、香港人の居場所がなくなっていくような感じ。占拠は違法だとわかっているけれど、ほかに方法がない。私は日本語の先生なので、自分の教え子もたくさん占拠に参加していたから、しょっちゅう占拠の場所に通って、そこで日本語を教えたりしていたわ。不安がとても大きかった。97年以前には起きなかったことが次々起きて、以前の香港の良さが次々と奪われた。同級生に弁護士がいて、香港人が香港人を守る方法について考えなくてはと。その日に出会った3人の大学生とは今も連絡をとりあっているわ。

ここまで話を聞いて、周りの人たちが徐々に家に帰り始めた。仕事をしながらここに通いつめた人、ミュージシャンでバンドをやっていて、その合間にここに来ていたという若者など様々な職種であった。その中の中心的な存在の女性Hさんは小さな1歳の赤ちゃんを連れていた。その赤ちゃんは、銅鑼湾の占拠の場所に毎日きていた最年少の参加者だ、と皆に可愛がられている。彼女の夫は日本料理店で働いており、銅鑼湾の占拠が始まった日から今日まで、80日間夫がつくったパスタや中華風の炒めものなどの手料理を毎日、20～30人分届け続けた、という。もちろん材料代もすべて自腹である。それればかりか他の占拠地区、金鐘や旺角にも「糖水《トンソイ》」(おしるこのような甘い食べ物)を送り届けたりしていたので、そこの人々とも知り合いになった、という。Hさんの夫は夕方6時頃から中環(セントラル)の日本料理店で働いているので、3時過ぎになったら時間があくという。ぜひともお話を聴きたいので、我々も一旦ホテルに帰り、夕方にもう一度お話を聞かせてもらえないかと頼んだところ、快く応じてくれた。日本料理が好きで日本料理を学んで、その仕事をしているので、あとになって日本語を勉強しはじめた。それでさきほどのTさん(日本語教師の女性)とは知り合いで、ここに食事を届けるようになった、という。2カ月間そうやって毎日食事を共にし、同じ場所で寝泊まりしていたので、占拠が始まる前はまったく知らないもの同士であったという一同は、まるで家族のような親しさで互いに接していた。ここで、占拠前のマクドナルドでの聞き取りは終了した。外を見ると、占拠あとは散水車による散水も終え、まるでそこに何もなかったかのように、車やバスや電車が行き交っていた。

Interview 3　占拠地区に80日間毎日夕食を届け続けたH夫妻と1歳の娘

行動しなければ、自分たちの香港は終わってしまう。香港人の多くがこの運動で目覚めさせられた

インタビュー場所：金鐘のホテルのラウンジにて

――いったい80日間もどんな料理を届けたんですか？

H夫――最初は香港の家庭料理のようなもの。占拠している人たちが毎日外のものばかり食べていては身体に悪いと思って、自分にできることは何かと考えた結果、食事を届けることにしようと。途中からパスタなどもつくって、毎日20～30人分届けた。

――材料代は？

H夫――もちろん全部自前で。

――そんなに毎日、費用も手間も大変だったでしょう？

H夫――そんなに大変だとは思わない。別の占拠場所には甘いデザート（糖水）を80人分くらい、週に1～2回づつ届けた。

――糖水はどんなもの？

H夫――紫芋の飴煮のようなものや、紫米露と呼ばれるタピオカドリンクの温かいものなど。全部温かいスイーツだよ。

――すごすぎる！　考えられない……。その原動力は一体どこから？

H夫――私にはこの子（一緒にきている小さな赤ちゃんを抱き寄せて）がいる。この娘のために、今行動をとらなくてはならない、と考えた。もし今回の占拠が成功し、成果が得られれば、移住はしないつもりだった。でも今回の政府のやり方を見て、香港の警察が権力の手先になるのを目の当たりにして、やはり移民しないと、と考えるようになった。香港は今どんどん中国化している。10年20年後にどうなるかわからない。このままゆくと自由がなくなる。その頃自分は人生のピークに差し掛かるけれど、ここに居続けると必ず危ない目にあうことになる。それを避けたい。あと33年後、どうなるかはわからないので、英語と日本語を両方勉強して、オーストラリアかカナダに移民するつもりだ。そう考えて日本語は1年前から始めた（簡単な日本語会話はすでに習得している）。

――そういう「判断」はどうやってするの？

H夫――689（現在の行政長官が1200人中親中派の689票で長官に選出されたことから、民意を反映していない、という皮肉を込めてそのように呼ばれている）が行政長官になってから、前よりよく新聞を読むようになった。生きてゆくためには自分で「自己装備」（広東語では逆で〝装備自己〟）しなくてはいけないからね。かつて『東方日報』は中立的で批判的であったけど、最近はダメになった。主として『明報』や『蘋果日報（アップル・デイリー）』を読んでいる。これまで『アップル・デイリー』はデマばかり、と言われてきたが、最近はその逆で、政府寄りの新聞のほうがデマばかりだ。香港の報道はＢＢＣ（英国国営放送）のような批判精神をもったものが多かった。本土人（ここでは香港に以前から住んでいる香港人を指す）が香港を統治することが理想だが、もはや香港人には選ぶ権利もない。

――今回の占拠で得られたものは何？

H夫――香港精神を感じることができた。近年大陸化が進んで、香港人の香港がどんどん薄められていったような気がしていたが、強制退去前の旺角（モンコック）、金鐘、中環、銅鑼湾の占拠区は、とても秩序が保たれていて、争いがなく、互いに助けあうすばらしい世界だった。それはある意味、香港の「本土」精神の発露の場だったと思う。

――今回こういう結果に終わったことについて、どう思いますか？ 今後の戦略は？

H妻――次の一歩は今は言えないけど、考えはある。当面は、ショッピング運動（大陸から大挙してやってくる買い物客に倣ってバッグを持って、占拠地区を歩きまわる運動）やクリスマスソングを歌う運動（クリスマスソングに合わせて替え歌が作られている）、などが始まろうとしている。学生主導の運動としてではなく、私達がそれぞれ個人として、個人の精神で加わる私達の運動。それは終わっていはいない。

――近年の香港の大陸化についてはどう感じておられますか？

H夫――50年変わらないといっていたけれど、それは保障されていない。中英返還交渉の時は、香港の経済力が圧倒的だったけれど、今は大陸が経済的にも政治的にも凌駕している。中国の経済力が香港を上回る時、その力関係は大きく変わるし、すでに変わっている。香港が一国両制を維持することで中国の一党支配を揺るがすことができるかどうか、この問いの答えは非常に難しいと思う。そしてそれができないときには、私たちは出てゆくしかない。今現在圧倒的な、大陸の経済力は香港人を様々な面で圧迫している。これまで香港に入ってきた人が7年間待たされていた市民権を、今新たに入ってくる大陸の金持ち達は、すぐに手に入れることができる。香港人がなかなか入手することのできない政府の住宅も、住宅購入補助とともに獲得する。ソーシャルワーカーによる支援も、香港の下層階級の人々が享受できなくなって、大陸からの新移民にとられている。大陸からの人がどんどん香港にやってきて不動産を購入するので、不動産価格が高騰し、新しいものなど10億円ほどするものもあって、香港人には到底手も足もでない。さらに、入院や出産ですら、ベッドが足りなくなって、大陸の人々が次々とやってきて利用するため、妻の出産の時も、入院できるところがなくて本当に困った。粉ミルクやパンパースなどの紙おむつも大陸向けに買い占められ、高値で転売されるため、香港人にはなかなか手に入らなくなっている。こうして香港に住む人は、住むところも物価も高騰し、庶民が享受できていた福利も得られず、大陸から新たに流入して来る人々への不満と反感が鬱積していた。近年の香港は、大陸からのお金と人の流入で、上層の資産も、チャンスも、下層の福利も、さらに「買い占め」によって日常の生活物資も、生活空間も奪われてゆくように感じられる場所になっている。今回の運動はそうしたなかで発生したと思う。

H妻――今回、香港の学生たちが北京政府に交渉しに中国に入ろうとして拒絶されたこともまた、衝撃的だった。中国大陸の人は香港に来ることができるのに、香港の人で意見の異なる人は、大陸には入れないとすれば、同じ中国の国籍なのに、香港特別行政区の人間は、香港という一都市にしか住むことを許されておらず、他の都市に行けない可能性があることを意味している。それはとても不公平なこと。他の大陸の人は全国どこの都市でも行けるというのに。今回多くの人が、自分たちが行動しなければ、このまま自分たちの香港は終わってしまうという危機感を持った。それが運動の大事なポイントだったと思う。香港はこれまで、「死んだふり」（装死嘅人《ジョーンセイゲヤン》）や「寝ている人」が多かった。見て見ぬふりをしてきたわけ。でもそれはとても危険なことだと多くの人が知った。今危機感を持っていない人、やはり「唔関我事《ングァンオースィー》」（私には関係ない）を決め込んでいる人もいるけれど、目覚めた人も増えたと思う。その意味で、多くの香港人が今回の運動で「目覚めさせられた」（俾人醒《ベイヤンセーン》）と言えると思う。もし、次の一歩があったら、人々の覚醒はもっと大きくなる。その意味で私達はショッピング運動（購物運動《ガウマッワントン》）に参加するつもりだ。

H夫――一つだけ残念なことは、今回、金鐘も中環も銅鑼湾も、占拠内部では何事も起こらず極めて平和であったのに、旺角だけは、ずいぶんひどい目にあったし、周りの人たちとの軋轢も衝突も大きかった。あそこは何かバランスが悪かったと思う。それが残念だった。

ここで、H夫は出勤時間が近づいたためインタビューは終了となった。勤務先のことを聞くとなんと、彼は正規雇用ではなくて、アルバイトの調理人だそうだ。つまり彼らの家計は、夫の時給労働のアルバイトだけで成り立っており、決して楽な生活をしているわけではない。そんな若い夫婦が80日間も、苦労とも思わずに、占拠地区の人々に料理を差し入れし、自らと子どもの将来を考え、いずれ移民をする戦略も持ちあわせている。そのことに、改めて驚かされた。彼らは日本と日本料理が大好きなので、いずれ日本にも遊びに来たい、というので、その時はぜひ連絡してほしい、大阪に友だちができたと思って、連絡して、と話して短いながらも濃密なインタビューを終えた。その間、小さな可愛い1歳の娘さんは終始楽しそうに会話に加わり、両親が嬉しそうにしていると、一緒になって手を叩いて喜び、話が弾んでくると、自分も声を上げて録音をしている携帯電話に向かって声を出したりして立派な参加者となっていた。さらに驚いたのは、彼らの自宅が近所ではなく、筲箕湾《サウゲイワーン》という香港島の東の端にあったということだ。毎日そこから銅鑼湾に料理を運び、そのあと中環の近くに出勤し、遅くになって家に帰るという生活を2カ月にわたって続けた彼らの意思と実行力と開かれた精神に心から敬意を感じるとともに、ある種の中国人（香港人）のよい精神が、この運動の中で発露していたことを実感した。

Interview 4　運動に加わり情報発信を続けたL氏

人々の思いを抑えこもうとして対処するとより広範囲に広がる。それがこの運動の本質だと思う。

銅鑼湾のマクドナルドでお話を聞いたL氏。かつて電信会社と保険会社に勤務していたが、現在は退職し、今回の占拠に加わってさまざまな情報発信を続けている。二人の息子と娘が一人。いずれも成人している。H夫妻と一緒にインタビュー場所に来てくれていたので、夫妻が帰ったあとに、追加でインタビューを行った。

——今回の運動で意義深かったことは?

L ——皆、誰にも頼らず自分たちの持ち寄りで、アートを展開したり、作品をつくったり、思い思いの表現方法で運動に参加した。それはとても豊かな世界だった。一つ面白かったのは、ある人が九龍の山、獅子山に大きな垂れ幕をぶら下げた。黄色い布に縦に「我要真普選《ンォイウツァンポウシュン》」(私は真の普通選挙を求めるという意味)を書いたものだが、それを政府が慌てて撤去したために、逆に香港の街角のあらゆるところに、このロゴとフレーズが広がることになった(次頁の写真参照)。何かを抑えこもうとして対処するとより広範囲に広がる、というのは今回の運動の本質を示していると思う。それから学民思潮のリーダーの黄之鋒(ジョシュア・ウォン)についてだけれど、彼は子どもの頃読み書きに障害があった。それで両親は子どもにできるだけのびのびとした考えを持ち、それを主張するように支持してきた。それが「愛国教育」反対運動に結実したし、今回の若者の参加に大きな影響力を持ったのは意義深い。

街角に溢れる「我要真普選」のステッカー。
写真：Lam Manwing

——教会の対応はどうでしたか?

L ——それぞれで異なる対応だった。例えば催涙弾が打たれたとき、金鐘の教会は、目や顔を洗いたいという市民に対し、トイレも貸さな

獅子山に掲げられた巨大な横断幕。
写真：Wing1990hk
(http://upload.wikimedia.org/wikipedia/commons/archive/6/6e/20141031212147!Lion_Rocks_Umbrella_Revolution_Banner_20141024.jpg)

かった。主として中産階級や上流階級の人々の教会で、迷惑をかけられている、という意識があったように思う。それに対して、湾仔の教会は、オープンにして避難してくる市民を受け入れた。それで、後に「外国人とつるんでいるのか」とか「犯罪者をかくまうのか」といった非難を受けたりもしたけれど。このほか油麻地の教会も、筲箕湾の教会もオープンだったと聞いている。3つの占拠区でもそれぞれ異なる雰囲気があったようだ。私としても残念だったのは旺角が早くに撤去されてしまったことだ。

――警察との衝突についてはどう思いますか？

L　――かなりひどい仕打ちであった。胡椒水というのを噴射したが、これにあたると身が焼けるように痛かった。水鉄砲のようなもので吹き付けて、そのあとさらに大きな扇風機のようなもので風を当てた。これに遭った人は、体調を崩したり風邪を引いたりしてひどい目にあった。

——今のような一連の大陸化が香港で顕著になったのはいつ頃から？

L ——2003年SARS《サーズ》の影響で海外からの観光客が激減し、その穴埋めに大陸からの旅行客を意図的に増やす政策をとってから。当時香港経済は危機にあって人々の給料が7割くらいに減り、家賃も下がった。その後、大陸から物資運搬を目的にやってくる人が急増し、旺角周辺などは買い占めにやってくる運び屋でいっぱいになった。地元の香港人が使える店がどんどん減り、運び屋向けの薬局ばかりが増えるようになった。この人たちは税金を納めず、「アリの引っ越し」と呼ばれるように少しずつ荷物をもって上水（新界の地名）から大陸に物資を運搬する。こういう人たちで香港の街はいっぱいになった。

——学生たちと、占拠に参加した市民の関係は？

L ——新聞などは学生たちを「代表」扱いするけれど、実際の占拠は決してそういう「指導体制」で行われたわけではなかった。「真の普通選挙」を求める点では同じだし、間接選挙に反対し、親中派議員と関係が悪いことは同じだが、さまざまな思いで一般市民が参加した運動だった。ただ、旺角についてはやはり暴力的な行動も見られたし、足並みが揃わなかったと思う。

ここで我々は、近くの麺屋さんの家のお母さんが用意してくれているスープと手料理をいただきに行く時間になったため、インタビューを終了。Lさんからは占拠の期間中市民がつくった、さまざまなカードや作品などを資料として渡してもらう。さらに占拠の年表などの資料も作成しておられ、この原稿執筆に当たって必要な資料の提供に出来る限り協力するとの申し出をいただいた。

運動で得たもの、失ったもの

初日のインタビューを終えて翌日は朝食をとりながら、今回の雨傘革命に批判的なN氏の話を聞いた。N氏は銀行に勤めていたが、少し前に辞め、数年間勉強してきた風水や占い、八字と呼ばれる四柱推命などのコンサルタントを始めたばかり。これまでつながりのあった商会などの縁で、近隣の大陸の中小都市でも営業を開始している。結婚や家を買う際に、こういった占いを利用する人が香港およびその周辺には多く、仕事は順調である。数年前病気をして、現在は杖をつかないと出歩けない状態にあるが、治療はうまくいっている。N氏は以下のように語った。

香港には民主はないけど自由がある。それはイギリス植民地時代も同じだった。それなのに今になってそれに対して異論を唱えるのは、何か「欲しいもの」があるからだ。現実は変わりっこないのに、幻想を求めて街頭占拠するのは、現実的でないし、社会の秩序を乱す行為だ。今回運動に参加した人の多くは、退職した人、職のない人、主婦、学生などで、比較的時間があって、生活能力のない人が多いと思う。その人達は、家もなければ結婚もできないでいたりする人たちで、現在の香港で、あまり希望が持てない人々、ないしは状況についてゆけないでいる人々。働いている人でも、近年給料も上がらないし、大陸からやってくる人たちにどんどん仕事もリソースも奪われる。香港上層部が大陸の人によって取って代わられ、家の値段

（不動産価格および家賃）が吊り上げられ、下の福祉政策も奪われる。大陸から新しくやってくる人もリスクを抱えているのだから同じだ。過去のノスタルジーにとらわれて、できないことを要求している。これらの問題は自分で解決すべきことだ。お金を稼ぐのが一番大事。6・4（天安門事件のこと）以来香港人は変化したが、でもお金の足りないときと足りているときではころっと変わってしまうと思う。つまり、何か欲しいものがあって、ああいう行動をとっているが、それが足りると、すぐにやめてしまうだろう。

この意見は運動に対し、もっともシビアな評価であり、必ずしも運動に参加している当事者のことを的確に表現しているわけではないが、香港で、今回の運動に対して反対している人々の考えを集約したものと言える。実際本書で遠藤によって明らかにされるように、香港の命運については、鄧小平とサッチャーによる中英交渉とその後の基本法によって、すでに明確に方向づけられており、北京政府は一歩も譲る気配もないことから、現実に「真の普通選挙」を実現することは極めて困難である。しかも市民の抵抗の手段が、道路占拠という反法規的行為であるがゆえに、どれほど広範な市民がそこに集まっても、議論の正当性を得ることは極めて難しく、またいずれは何らかの形で鎮圧されることも不可避であった。

実際、運動のリーダーの1人、黄之鋒（ジョシュア・ウォン）も前回の「愛国教育」反対と違って、今回は、成功しないかもしれない、と語っていた。運動の当事者自身、そう簡単に受け入れられるものではないことを十分に知りながら、また、占拠という行為が反法規的行為であるということも熟知しながら、それでもなお、止むに止まれぬ気持ちで街頭に繰り出し、身の危険を顧みず、街頭占拠を続けた。何が彼らをそこまで駆り立てたのか、そして今回の運動で何が得られて、何が失われたのか。

本章のインタビューからもその心情の一端はうかがい知ることができるが、ここで、占拠に使われたキーワードから今一度、その心を読み解いてみたい。

◆占中三子による「公民抗命」の概念

まず、重要なキーワードの一つに「抗命」がある。「抗命」は「命令に背く」「上官に従わない」といった軍隊用語的な意味がある。今回も、Civil Disobedience（市民の抵抗）の訳語として、さまざまな非暴力の抵抗運動を行うという意味で用いられている。その歴史的淵源は古く、そもそも19世紀のヘンリー・デビッド・ソローが当時アメリカ社会のさまざまな不条理に直面して生み出した概念である。その後インド独立運動や、南アフリカの人種差別撤廃などの運動に受け継がれ、市民の抵抗を支える論理として、実際に、多くの革命的変化を引き起こしてきた。今回この言葉は、運動の初期をリードした「和平占中（オキュパイ・セントラル）」理念の第1条に「公義に反する状況のもとでは、法律や要求や命令を守ることを拒絶する、そしてその参加者は決して暴力に訴えないし、自ら進んでその法律的裁きを受けることとする」と、挙げられた。今回の運動は、必ずしも「占中三子」によって引き起こされたものではなく、学生たちの自発的行動、さらにそこに加わった市民の支援と行動が作り出したものである。また「占中三子」の行動については、本書で遠藤が詳細に論ずるように、市民をミスリードした、あるいは学生や市民を利用した、といった批判も多い。しかし、その行動を支えた理念の一つに、この「公民抗命」があったことは確かであり、それがこの運動の継続性、広がりをもたらした。

「和平占中」を指導した「占中三子」による「抗命手冊」では、今回の運動の中で共有されたこの理念を具体的に次のように挙げている。すなわち、非暴力であること、武器を携帯しないこと、捕えられるときには、人間の鎖などで抵抗し、乱闘に至るような抵抗はしないこと、暴力を受けても暴力で返すのではなく、毅然とした態度で対峙し、速やかに安全な場所に退避すること、いつも自律的で冷静であること、自覚的に秩序を形成すること（「http://oclp.hk/index.php?route=occupy/activity_detail&activity_id=90）。

和平占中は9月28日に正式に開始宣言を行うが、その後は学生が前面に出ており一線から退いていた。また12月3日には「占中三子」が自首することを表明し、今後武力行使の可能性が高まるので、撤退するようにとあらためてアドバイスした。学生たちは、未だ撤退の時ではないとして、ハンガーストライキに入るなど、必ずしも全体の足並みが揃っていたわけではない。また、当初大学の中や公民広場での抗議を行う予定であった学生の運動が、「占中三子」の呼びかけによって、公道占拠へと導かれたがために、市民の反感を買い、運動の分裂を招いたという批判の声もしばしば聞かれる。

運動が正式に始まる直前の9月24日、過激な活動で知られる立法会議員の長毛（梁国雄）は「今回の闘いはあくまで前哨戦である。不服従の運動は続けることに意義があり、継続して正義を勝ち取ることが目標である」という談話を発表する。9月28日催涙弾が放たれ、そこから10月1日にむけて運動がピークに達したのは、10月1日が中華人民共和国65周年を祝う国慶節であり、2日の重陽節とあ

2014年９月29日、スマートフォンの光で、抗議の意思を示す市民たち。
写　真：http://tvnz.co.nz/world-news/pictures-hong-kong-umbrella-revolution-protest-turns-into-sea-lights-6095789

わせて2連休であったこと、そこで政府は金鐘周辺で国慶節の記念イベントを計画しており、大規模な花火大会が予定されていたこととも関係があった。その花火大会の事前予告では、夜空に大きく「中国人」と簡体字が浮かび上がる画像が予告されていた。もしもこのイベントが開催されていたら、別の形で香港の人々を刺激したかもしれない。

結局国慶節のイベントは中止され、1日、2日の連休は多数の市民が占拠場所に駆けつけた。その様子はまるで香港の夜景を凌駕するほどの光のまたたきとなって、全世界に配信された（写真参照）。それに先立つ29日夜、無人撮影機ドローンで上空から撮影された画像は、その前日催涙ガスの攻撃を受けた恐怖を乗り越えようとするかのように、たくさんの無防備な学生や市民が繰り出して、思い思いの方法で、自分たちの存在を表現している様子を捉えていた（ドローンの画像は以下で閲覧可能 https://www.youtube.com/watch?v=Q919bQOThvM）。

そこには、香港の人々が失われた自分たちの場所を取り戻そうとするかのような、そして自分たちの香港を確認するかのような開放感溢れる空気が流れていた。

◆しばし解き放たれた香港の人の思い

この光景を、1980年代から『亜洲週刊』の編集長を務めている邱立本《きゅうりつほん》は2014年10月28日号の『亜洲週刊』のカバーストーリーで次のように述べている。

これまでまったく知らなかった香港だ。最近、何人かの香港人は、2、3週間旅行に出かけて香港に戻ってきたら、まるで違う世界が待ち受けていた、と語った。この街がまったく違う姿になっていたのである。街頭政治とさまざまな「占拠」が常態化し、こちらで街頭占拠が始まったかと思えば、あちらでトンネルの占拠が始まる（『亜洲週刊』2014年10月26日号封面筆記4頁）。

邱はさらに、「この占拠は香港のパンドラの箱を開けた」とも綴っている。「これまで押し込められていた香港社会の様々な矛盾が解き放たれてビクトリア湾の上空を漂い、占拠派も反占拠派も、まるで宗教戦争のように、どちらがより正しいかを競い合い、人々の様々な主張が渦巻く中で、双方ともにいかに人々の心を掴むか、という試練に直面している」と。占拠をめぐる市民の論議は、どちらがより「正義」であるか、を賭して街角で様々な言論が繰り広げられる言論戦のようでもあった。

「和平占中」から「雨傘革命」と呼ばれるようになったのは、9月29日の英国誌「ザ・インデペンデント」がその表題にHong Kong protest: Watch as pro-democracy 'Umbrella Revolution' protesters stand-off against Chinese Police（香港抗議行動：民主化を求める〝雨傘革命〟警察に対峙する抵抗者たち）としたのがきっかけであった。その後「タイム」や「ニューヨークタイムズ」もそれに続き、英語圏で〝Umbrella Revolution〟という呼称が定着した。香港では10月3日になって香港の『星島日報』が、占中運動の中で「梁振英下台」（香港行政長官は辞任せよ！）というメッセージが強く出されて、現政権への不信任を表現した革命と呼んでもよい側面をもっているので、西側のメディアの呼称にしたがって、「雨傘革命」と呼ぶ、という社説が出された。また、そこで使用されている黄色いリボンは、フィリピンの１９８６年のイエロー革命を踏襲したものであると書かれている（http://bbs.tianya.cn/post-44-621571-1.shtml）。

◆オープンな共有空間——移民の原風景の再来

「公民抗命《コンマンホンメン》」をスローガンとし、最大時10万人に及ぶ人々の参加を得た占拠運動だが、国慶節を前に収束に焦りを見せる当局が催涙ガスとペッパースプレーを群集に向けて発したことで、一時撤退する。その後の国慶節にはさらなる参加者が集まり、連日街頭で寝泊まりする人々によってオープンな場所が現出した。かつて香港は１９６０年代、70年代、文化大革命から逃れて香港に流れ着いた中国からの移民によって人口が激増し、スコッターと呼ばれるバラックに住み、トイレや台所が共用の生活空間を子どもの頃に経験したことのある人々が今の50代以上の世代には存在する。また、学校などの設備が追いつかず、ビルの屋上で「青空学級」が開かれたりしていた。その後香港の経済発展によって消失したこのオープンな共有空間は香港の人々によってある種のノスタルジーとなっている。今回のオキュパイで毎日そこで寝泊まりし、生活をした人々が味わった、ともに食事をし、もともと知らなかった人々が鍋をつつきあい、意見を交わし、テントで夜露を凌ぐ生活は、香港への移民初期の原風景を感じさせるものであった。

その中で人々は、「不畏《パッワイ》，不懼《パッコイ》」という精神を掲げた。この言葉はそもそも、老子の道徳経に由来する。この言葉は、今回の運動に至る過程でもしばしば用いられており、例えば2013年7月の

60年代の天台（青空）学校（『香港今昔』三聯書店、1994年より転載）。

佐敦道船着場のバス停にて1956年（『香港今昔』三聯書店、1994年より転載）。

『東方日報』にも記事が掲載された。

簡単に紹介すると、社会に「公正と正義」が得られず、個人の生存と尊厳に得られない場合、人々はそれが蓄積すると個人はその生存と尊厳を求めて、自らの生命を投げ出すような行動に出ることがある。このような心理が充満すると、社会はさまざまな火薬庫となる、というものである（http://orientaldaily.on.cc/cnt/news/20130722/00184_016.html〈『東方日報』2013年7月22日〉）。

今回の運動では「決して危険を冒さない、暴力があればすぐさま撤退する」という方針が貫かれていたこと、また世界中のメディアが注視していたことから、中国政府は六四事件のような事態を引き起こすことができなかったし、暴力的衝突や逮捕はあったものの、死者は一人も出ることがなかった。とはいえ、圧倒的な力をもつ北京政府とその意向下にある香港特別区行政府、そしてさまざまな方法で動員された「反占中」活動による挑発に、どこの占拠区も昼夜晒されていた。いつ何時牙をむくかわからない警察と対峙し、暴力や逮捕の危険を顧みず街頭占拠を続ける人々は誰とはなしに「不畏《パッワイ》，不懼《パッコイ》」という言葉を発し、スローガンとしていた。

この、「抗命」と「不畏《パッワイ》，不懼《パッコイ》」（無畏《モウワイ》，無懼《モウコイ》）は、実は今回の占拠での人々の心情を支えたもっとも重要なキーワードであると考えるが、学生たちは「不認命，不畏縮」（運命に屈しない、萎縮しない）という標語を用いた。若い彼らを支えたこれらのキーワードは、しかし必ずしも中国の古典の理解に由来しているわけではない。学生リーダーの一人、黄之鋒は、学生と全人代代表の範徐麗泰との話し合いで、学生が北京に行って対話しようとすることを「青春の浪費だ」と言われたことに対し、後日フェイスブックで次のように書き込んでいる。

範婦人は上京して対話しようなんて「青春の浪費」と言ったが、それについてはまず「青春とはなにか」について明らかにする必要がある。

去年学校の補習の時間に次のような文章を見た。「人は必ず天に勝つ――それはまるで刺青のように私の身体に張り付いて、青春の座右の銘になった。私たちは運命に頭をたれて服従し、冷酷無情な運命によって青春の情熱を焼ききってしまうべきではない。なぜなら、青春はこのように使うべきだと我々は堅く信じているからだ」。

青春というのは、結局のところ運命に抗うことを選択することを意味する。

全てのことが運命によって決められ、それに従うしかない、とは信じたくない。

古い世界を守りぬき、大人の世界の暗黙の了解に従う、とばかりに屈したくはない。

金や権力が香港を埋め尽くしても、私たち学生の考え方はわからない。

なぜなら私たちにはあなた方の終わりなき計算づくの世界を知らないし、資本の得失も考えていないからだ。（中略）

青春の本意とは、私たち自らが自分たちの未来を、どんな逆境にあっても求めてゆくこと、そして言葉にできない恐怖に全力で打ち勝つこと。

青春を経ていない人々は、ただただ、恐怖に慄いて、権力と金の庇護のもとに隠れようとする。

そして他人に「青春の浪費だ」などと言うんだ。

本当に笑止千万だ。

https://www.facebook.com/joshuawongchifung/posts/734633279962516

と、ここまで書いて、掲げたのが何と日本のアニメ、ケロロ軍曹の中のセリフ「君の青春は輝いているでござるか」の中文訳〝你的青春有闪放光芒吗？〟とそのシーンであった。彼ら若い世代の多くは、日本のアニメを見て育っており、ドラゴンボールや聖闘士星矢などのアニメ作品の影響を受けている。また、香港映画では周星馳の『少林サッカー』での闘いや、香港のテレビや映画で繰り返し作品にされている清朝に実在した武術家、黄飛鴻《ウォンフェイホン》の作品の影響が見られる。今回、武器を持たない運動という中で、抵抗のための工具として雨傘が持ちだされたのも、催涙ガスからの防御という目的だけでなく、カンフーで敵と闘う黄飛鴻のイメージが原型にあった。徐克（ツイ・ハーク）監督の『天地争覇』（ワンス・アポン・ア・タイム・イン・チャイナ、1993年）では、李連杰《レイリンギッ》（ジェット・リー）演ずる黄飛鴻が雨傘一本で敵と闘うシーンが見ものだが、非暴力の闘いをイメージするとき、催涙弾やペッパースプレーをかわし、雨を防ぎ、身を護ることのできる傘が自然に浮かび上がったのであろう。このように、圧倒的に強大な敵を相手に、怯まずに闘うイメージは、こうしたメディア作品からも得られていたと思われる。

そしてもう一つ、ここに記されていることに大切な含意がある。考察の冒頭に、Civil disobedienceの訳語として「公民抗命《コンマンホンメン》」というスローガンを取り上げたが、実は学生や市民が、拳をあげてこのスローガンを叫び、プラカードやはちまきに「抗命」という文字を刻むのを見るたびに、私にはもう一つの「抗命」の意味が浮かび上がってきて仕方がなかった。翻訳語としての「抗命《ホンメン》」は、法律や社会が不公正である場合、意図的にその法や決まりを破ること、と考えられているが、中国語で「命」の重要な意味に、「運命」「天命」がある。本書の遠藤の論考で詳細に論じられるように、香港の時限付き一国両制と、香港人に真の意味での民主は与えられないこと、は現在の政権下では、ほとんど「命」といってもよいくらい、抗いがたい所与の条件として香港の人々に与えられている。どんなに抵抗しようとも、どんなに不服従を唱えようとも、北京政府は、すでに定められた条件を一歩も譲歩することはないだろうし、香港の人々の願いも、聞き入れられる可能性は極めて少ない。それを今回の対話では「青春の浪費」と表現し、さらに、北京政府と対話したいとする学生たちを「迷える子羊」にたとえた。まるで自分たちが羊の飼い主であり、いずれ子羊は自分の柵の中に帰ってくることがわかっているとでもいうかのように。それに対して、黄之鋒は「青春とはすべての事柄が聴天由命《テンテインヤウメン》であることに服さないこと」と言い、そういう意味をわからない人間が「青春」を語るのが笑止千万(天の声を聞き運命に従う)だ、と言っているのである。つまり、香港の人々にとってもはや「命」とすら言えるような既成事実に抗い、すべて従わなければならない、と自分自身に言い聞かせることをやめること、これが彼らの青春の意義だ、と述べている。中国語に訳された「抗命」は知らず知らずのうちに、「運命に抗する」「抗いがたい圧倒的な力に服従しない」という意味を帯びているのではないだろうか。それはCivil Disobedienceを「公民抗命」と中国語訳したことの予期せぬ心理的効果であり、多くの人は、単に法律や命令を破るという意味ではなく、自分たちの運命に抗い、徹底的に抗する、という意味に解釈して、この言葉を発するようになっていたと思える。少なくともこれほどまでに圧倒的な現実に、香港の人々が立ち向かってゆこうとする原動力には、この言葉の持つ二重の意味があったのではないかと筆者は考える。

さらに、今回の運動の中で、多くの歌が生み出されたが、その間もっとも影響力があり、歌われた歌に「海闊天空《ホイフッティンホン》」がある。この文章を書いている2014年年末に、フェイスブックやユーチューブで運動を回顧する多くの記録映像や作品が公表されたが、そこにもっとも多く利用されたのが1993年に香港の人気ロックバンドBEYONDが発表したこの曲である。同曲はバンドリーダーの黄家駒《ウォンガーコイ》の作詞作曲で、この曲が発表されたその年に、日本のバラエティ番組のリハーサルで不慮の事故にあい、31歳の若さでこの世を去った。香港、中国、日本に衝撃を与えた死の後、この歌は四川大地震の際に救済の主題歌となるなど、香港人の精神的支柱となっているといってもよい。その歌詞は以下のようなものである。

海闊天空　　果てしなき海と広がりゆく空に生きる

今天我　寒夜裡看雪飄過　　今日、私は寒い夜、雪が舞い散るのを見ていた
懷著冷卻了的心窩漂遠方　　冷えきった心を抱えて遠くまでさまよってきた
風雨裏追趕　　風雨の中　追いかけていたけれど
霧裡分不清影蹤　　霧の中その影を見失う
天空海闊你與我　　この広い世界で、あなたと私は
可會變（誰沒在變）　　変わってゆくだろう（変わらない人はいない）
多少次　迎著冷眼與嘲笑　　これまで何度、冷ややかな眼差しと嘲笑に耐えてきたことか
從沒有放棄過心中的理想　　でも心の中の理想だけは、諦めなかった

一刹那恍惚
若有所失的感覺
不知不覺已變淡
心裡愛（誰明白我）

原諒我這一生不羈放縱愛自由
也會怕有一天會跌倒
背棄了理想
誰人都可以
那會怕有一天只你共我

仍然自由自我
永遠高唱我歌走遍千里

作詞作曲　黄家駒

しばし恍惚となって
何もかも失ったような感覚にとらわれ
知らない間に、心の愛が薄れて行くのを感じる（誰が私を理解してくれるだろうか）

私のこの人生を何にも囚われず、自由な愛のままに生きていることを許して欲しい
いつか、つまづいてこけてしまうこともあるだろう
理想とかけ離れてしまうこともあるだろう
誰でもそうなってしまうかもしれない
そしてある日あなたと私だけになってしまうかもしれない

それでも自由で自分自身であり続ける
永遠に、自分の歌を高らかに歌いながら、千里の道をゆく

訳　深尾葉子

これほど、今回の運動の心境を表した歌はほかにないだろう。今から20年以上も前に作られた歌

が、今日の香港に蘇り、人々の行動を引き起こす。六四事件（天安門事件）を経てつくられたこの歌は、毎年、香港の六四記念日に歌い継がれてきた。黄家駒の香港への遺言のようなこの歌を胸に、学生や若者は街頭に繰り出していた。この音楽をバックに編集された２０１４年雨傘革命回顧のフィルムが年末に香港のＤ１００というラジオ局のフェイスブックでアップされるや、「涙が止まらない」「見るたびに号泣してしまう」「永遠に忘れない」といった書き込みが相次いだ（屬於香港人的歌〈香港人の歌〉：海闊天空 https://www.facebook.com/video.php?v=670509139728010）。

◆占拠の終わりは新たな道の始まりである

筆者が今回の運動に引き寄せられ、どうしても知りたかったことは、本章冒頭にも書いたように植民地状況のもとで、あんなにも分断され、無関心を装い、折衷的な折り合いや、個人的解決によって乗り切ることに力を注いできた香港の人々が、これほどまでに愚直に、諦めることなく、そしてぶれることなく自分たちの主張を貫き、表現し、全力でぶち当たろうとしたのか、そこには一体どんな変化が起きているのか、という問いであった。この歌詞を口ずさみながら、街頭に繰り出す香港の若者たちに、その答えの一つがあったように思う。

返還によって、香港は植民地から、もとの中国へと戻った。喩えていうなら、長く養子に出され、自由は与えられていたけれど、ずっと客人で、自分たちのことを自分たちで決める権利をまったく与えられなかった孤児が、ようやく実の親のもとに返され、しかも「港人治港」と言われ、「普通選挙」「一人一票」を約束されて戻ってきたと思いきや、そこにはからくりが隠されていて、「候補者をあらかじめ親が決めて、その中から選ぶ」仕組みになっていた。しかもあと30年余で一国二制度も解消され、完全に親の言いなりになる。このまま黙っていては、自分たちだけでなく、自分たちの子孫に大きな負債を残してしまう、今何かしなければ、という悲壮な使命感と責任感に駆動されて、人々は立ち上がった。しかし、その動きも、当局や北京政府にまったく受け入れられず、一歩の譲歩も勝ち取ることができないまま運動は一旦終息を迎える。金鐘撤去の前夜、学生リーダーが占拠区の人々の前で行った最後の演説で、岑敖暉《サムオウファイ》（レスター・シャム）は、次のように述べた（２０１４年12月10日演説、要約）。

こんなにも長い時間、こんなにもたくさんの人々が、ここに集まり、そしてこんなにも秩序ある占拠を続けた。明日、警察はこの占拠を撤去するだろう。何の譲歩も得られず、撤去されることで、落胆し、失望している人も多いかもしれない。しかし、占拠は一掃できても我々の心を一掃することはできない。我々はここで撤退するけれど、政治改革運動というのはとても長い道のりを要する。長い時間をかけて、天と地をひっくり返すような変化を起こさなくてはならない。そのためには多くの犠牲を必要とするし、すでに我々も少なからぬ犠牲を払っている。私たちはすでに何度も逮捕されているし、香港の人々の中には、私たちのことを、「憨居《オンコイ》」（馬鹿者）「傻仔《ソーザイ》」（間抜け）とか「唔値得《ンゼッダッ》」（あほらしい）とか「嘥時間《サイスィーガン》」（時間の無駄）とか言う人々もいる。犠牲を払うからといって、我々がここで身の危険を冒し、もし命や社会的生命を失ってしまったら、これからの変化を起こすことができない。我々は、長い長い戦いの道を歩むために、自ら装備し、「抗命到底」（とことんまで運命に抗う）しなくてはならない。占拠が終わるとともに、我々は、我々の実現したい「理想」「価値」「未来」に向けて、30年先、50年先を見据えた戦いを始めるのだ。占拠の終わりは、その新たな道の開始である。いつか、民主と平等と公義のある社会を実現する日まで。

https://www.youtube.com/watch?v=C6oAXBE9iv0

また、11月16日付けの香港独立メディアネットワーク（香港独立媒体網絡）のフェイスブックには、以下のような書き込みがあった。

ある若者が言った。これは私たちの上の世代が残した負債だ。もし私たちの世代が還さなければ、その利息はどんどん膨らんで、次の世代ではもはや還せなくなるだろう。今日警察に殴られて出た血は、上の世代の冷たい刀で切りつけた血である。今日子どもたちが街角で寝泊りし、家賃のばか高い小さなアパートに住んでいるのは、前の世代が現状に対して何も抗わず家賃高騰の恩恵を受け、次の世代の成果を先取りしてしまったからである。

この言葉は、9月に香港で公開された『恋上春樹』という日本映画の台詞から学んだという。大学に合格せず、彼女にもふられて、やむなく田舎で林業実習生となる主人公が、樵《きこり》の先輩から「先祖が植えてくれた樹をわしらは切る。先祖が植えてくれなければ、私たちは伐る木がない。だからわしらも木を植えるんじゃ」と教わったことに触発された、というのだ。

黄之鋒も、今回の運動は我々若い世代の責任だ、と言っている。以下は9月26日、学生たちが学校から飛び出して、初めて公民広場に柵を越えて突入し、朝まで占拠したときの黄之鋒の渾身の呼びかけである。

今香港は赤信号が点滅している。この赤信号は香港を照らしている。私たちが今何かせねば、私たちが社会の中心に立つとき、お前たちは何をしてきたんだ、と問われることになるだろう。香港の未来は、あなた方一人ひとりの身にかかっているんだ。あなたと、あなたと、あなたの！　だから、今私たちと一緒に公民広場に入ろう！

この号令とともに、数十名の学生たちが、香港立法局の前に設けられた公民広場に勢い良く流れ込んだのが占拠の始まりの瞬間だった。その後、続々と市民がかけつけ、占拠は金鐘全体に広がり、9月28日の催涙弾攻撃に向かう。そこでも学生たちは「公民抗命」「無畏、無懼」を叫びながら、恐怖と闘いつつ、必死に向き合った。それを援護しようと駆けつけた市民は、警察に向かって「恥知らずめ！」「学生たちは暴徒じゃない」「あんたたちも自分たちの子どもがいるだろう！」「お前たちも同じ香港人じゃないか。なぜ催涙弾を打つようなマネをするんだ」「They are peaceful. They are doing nothing wrong!」と口々に叫んで、攻撃を阻止しようとした（https://www.facebook.com/video.php?v=670509139728010&pnref=story）。

金鐘の路上に出現したテント村と、たくさんの標語。写真：Wai Hong Ho

警察はいったん引き下がり、そこから80日近くに及ぶ占拠のあいだ、学生や市民たちが毎日テントで寝泊まりし、若い学生たちの自習室や、皆が自由に議論ができる論壇ができ、思い思いのカードを貼ることのできるメッセージスペースができた。香港の中心街に突如広がった共有空間で、人々は日々共同生活を送った。毎日学校や勤めから帰って、そのまますぐに占拠地区に直行するので、ハンバーガーやフライドチキンといった外食が増え、健康に影響が出るだろうと心配した市民が、たくさんの手料理を届けたり、炊き出しを続けた。また、新しくできた仲間で、一緒に鍋料理をする姿も見られた。物資の供給も豊富で、それらを秩序よく配布し、ゴミなども自主的に管理した。道路占拠自体違法であることは知っているが、現行の法律下で社会の不公正を正すには、法を犯すしかない、というソローやガンディーの教えに従った。日本人の香港研究者の久末亮一は、この様子を「コミューンの出現」と呼んだ。またネット上では、「ユートピア」と呼んでいる香港人もいる。それほど、占拠区内では秩序が保たれ、失われていた香港人の社会や心のつながりが確認できる場所であった。

しかし、そもそも国慶節の時期は、大陸からたくさんの観光客が訪れ、レストランで食事をしたり、物資を買い付けたりする絶好の観光シーズンであった。その時期に、近辺の道路が占拠によって不通になったことで、せっかく仕入れた海鮮がまったく無駄になり、従業員にも暇を出して、開店休業状態になった、「喜記《ヘイゲイ》」というカニ料理店の店長が、派手なパフォーマンスで占拠の学生たちの前に現れ、「食べていけなくなる」「お前たちは家族を養っていないだろう」と、大声で泣きながら訴える場面も見られ、市民との対立の一つの軸となっていった。このあとさらに「喜記老板《ヘイゲイロウバン》」(老板は店主のこと)が大きな声で泣きながら占拠者の間に倒れこんだ際に、女性の太ももに触れ「非礼啊《フェイライア》!」(痴漢!)と女子学生に叫ばれるなどして、一時はこのカニ王の「老板」は警察に連れさられる一幕もあった(https://www.youtube.com/watch?v=0Vsm7x6Q_Zc https://www.youtube.com/watch?v=cDEYtm9HMYE)。

一方で街頭占拠を非難する市民の前で、学生や占拠者は徐々に言葉を失ってゆく。香港人の重要な論理の一つに「唔好阻住人哋揾食《ンゾウジューヤンディワンセック》」(人の商売を邪魔してはいけない)という鉄則がある。彼らは公道を占拠することで、人々の生活の障害となり、大陸からの観光で儲ける人の邪魔になり、貴重な商売のチャンスをダメにしている。これが「人の商売の邪魔をしてはいけない」という鉄則に反するのである。街角の対話の中でも、徐々に占拠側は主張の正当性を失ってゆく。大陸からの買い物客がもっとも多い庶民の街、旺角では、地元のバス運転手や商店主近隣住民が殴りこみをかけてくるような事態も発生し、幾度も衝突が起きた。また北京よりの勢力に雇われて、挑発をするものもいて、喧嘩にならずに秩序を保つことが最大の課題となっていた。このあとの展開は冒頭のインタビューにもある通りである。

◆占拠その後

12月に撤収したあと、周永康（アレックス・チョウ）と岑敖暉（レスター・シャム）それぞれ学聯の秘書長と副秘書長を退任し、数カ月の闘いを経てようやく少し肩の荷がおりて、珍しく二人揃って、ラジオのインタビューに応じた。実は、先の「海濶天空」の歌詞があてはまるもう一つの理由に、彼ら二人の学生リーダーが、実は同性愛カップルである、という噂があり、そのインタビューも直撃でその質問からスタートしていた。これまでの街頭での能弁な演説とは打って変わって、微笑みながらジョークを交えて語る様子は、とてもくつろいでいて、普段の姿であった。ところが数日を経ずして、香港の代表的な新聞『明報』が周永康の家族関係や身辺を洗いざらい報道する記事を発表するに及んで、周も岑も強い警戒心と不快感を示した。彼らは自分たちの責任において、運動に参加しているのであって、家族とは無関係である。にもかかわらず、マスコミが、運動とまったく関係のない家族関係を暴く記事を出すとは「公器」としてのマスコミとして許しがたい、と抗議のメッセージをフェイスブックに出している。これはあたかも、「運動に参加すると家族を危険に晒すことになるぞ」という脅しのような意味を持つ、と。

一方、占拠の場から一旦解散した市民は、その後も、黄色い傘やリボンを携え、移動しながら香港の各所に出没し、「ショッピング運動」と称して、ショッピングバッグを肩にさげて練り歩く運動を展開している。このような運動について、本書のインタビューでジミー・ライ（黎智英）は一種のフラッシュモブのようなものだ、と語っている。さらに一度はすぐさま撤去した獅子山の頂上から吊り下げる「我要真普選」と書かれた巨大な黄色い垂れ幕を、さっそくどこかのクライマーが再び吊り下げることに成功した。当面はこうしたゲリラ的な活動を続けるとともにまた、次なる機会を待って動きを再開する、という考えのようだ。

ジミー・ライは香港の人々は、かつて逃げることのみを考えていた、しかし今の若い人たちは香港生まれ、香港育ちでここを自分たちの家だと思っている。自分の家を護るために闘うのは当然だ、だから彼らは粘り強く闘うだろうし自分はそれを支援する、と本書のインタビューで語っている。また、遠藤はそれを「魂の置き処」と表現する。かつて「かりものの時間、かりものの場所」と言われた空間に、独自の意味が生じ、そこに生じた香港らしさ。英領植民地を脱して本国に返還された今、自らの場所としての香港を護ろうとする香港の若者と、それを支援し、自分たちが果たせなかった夢を彼らに託そ

演説する学生リーダーたち。右より岑敖暉、周永康、黃之鋒。
写真：Pasu Au Yeung (http://creativecommons.org/licenses/by/2.0)], via Wikimedia Commons）

うとする上の世代の人々。その活動は「抗命」と呼ばれる「反法規的抵抗」であったがゆえに、街頭では、何が「秩序」か、を巡ってしばしば衝突と議論が巻き起こった。道路を占拠する人々は秩序を乱している、と怒りと冷ややかな眼差しを向ける人々と、香港の今、が不公義（公義に反する）状態である以上、法律を犯しても真の「公義」を獲得するまで、闘う必要がある、とする占拠者。もちろん、生活の場を分断し、交通を麻痺させる不法占拠が長期化することに、大方の支持を得ることは難しく、香港とはいえども寒さがつのる冬至とクリスマスの直前に、全面撤去を迎えた。２０１４年の街頭占拠は、香港市民の間に大きな対立の溝を作り出したと同時に、これまでばらばらになっていた香港人の心を結びつけ、長い抵抗運動の精神的根拠を作り出した。これは、数カ月に及ぶ街頭占拠が行われなければ決して起こらなかったことであろう。

◆〝注水すすぎ〟の渦の中の「自由」——とどまるのか出てゆくのか

１９９０年代の返還前に私が経験した香港では、民主派も大陸よりの人々も皆、「いかに愛国的であるか」で論理の正当性を担保するかのような言論が繰り広げられていた。20世紀前半に繰り広げられた植民地的拡張のための戦争で、ズタズタに傷ついた中国の人々は、その被害者意識の反転という呪縛にとらわれているかのようであり、その中で植民地として20世紀のほとんどすべての時間を経てきた香港では、「中国人」「香港人」という主体意識が微妙に錯綜していた。その後返還をへて、形式上植民地支配は終焉したものの、今度はロンドンから北京に、その中心が移っただけで、香港の人々の香港は依然として実現できない。そこで顕在化してきたのが「中国人」と「香港人」の対立構造である。「港人治港」という英国と中国の約束は、香港人に、今度は「Self Colonization」を求めるスローガンとなった。つまり「香港人」の香港ではなく、「中国人」として香港を治めるよう、変化すべきである、という新たな精神の植民地化がつきつけられているのだ。学生の運動が「愛国教育」反対に端を発していたことも、「香港社会」の独自性を認めず、「香港的空間」が失われ、教育の場を通して「中国化」が進められようとすることへの抵抗であった。今回「真普選」（真の普通選挙）を求める、という形で結晶化した街頭占拠の運動は、数カ月に及ぶ空間の占有を経て、新たな意識を人々に芽生えさせた。と、同時に街頭で繰り広げられた市民の衝突や対立は、香港人を真っ二つに二分した。

これまでの香港は、香港に愛着を持ち、その独自性を主張すればするほど、その場所を立ち去り、世界各地へと移民する、というパラドックスに彩られていた。今回、冒頭にインタビューした人たちも、香港の香港らしさに愛着を持ち、香港人自らの空間を欲しているがゆえに、この場所を離れ、香港を脱出する決意を持つことを迫られたと感じていた。香港という「注水すすぎ」の洗濯機のような渦の中で、愛着を持つことは、引き裂かれるような悲しみと隣り合わせとなる。

彼らとてわずか数世代前に移民してきた「香港居民」である以上、その独自性の正当性の根拠を示すことは困難である。となれば、注水すすぎの流れに身を任せ、また新たな新天地へと出てゆくしかないのか。その意味で香港は常に「ディアスポラ」であり続ける街なのだろうか。

香港観光局の主催で、ミニチュア香港という展示が、大阪、東京などの各地で行われていたが、その作品はまさに、植民地香港にどこにでも見られた日常を、ミニチュアの模型の中に忠実に再現するものであった。他の大陸のどこにもない光景。その一つ一つのディーテイルに、「香港らしさ」が凝縮している。2階建てのバス、開け放たれた窓に飛び出すような物干し竿と高層ビルのベランダの手すりに置かれた植木鉢や、重なりあうような看板。ミルクティーや鴛鴦《ヨンユン》とよばれるコーヒー&ティーを出す「茶餐廳《ツァーツァンテーン》」の細かいタイルとボックス席。漢方薬店や乾物の店が並ぶ町並み。これらすべてが「香港らしさ」の原点であり、それは世界中どこにも存在しない。

今回、占拠の弾圧の中で、声を上げて泣たくさんの香港人の姿が街角に溢れた。恐怖におののく若い学生から、応援にかけつけた高齢の男性、占拠を離れる際の学生運動のリーダーたち、たくさんの人々が無念の涙を流している。それはあたかも、香港の人々が慌ただしいスピードの中で押し殺してきた感情や、魂の叫びが噴出し、目に見える形で表現される場であったようにも思える。

長く里親のもとに預けられていた子どもたちが、実の親元に返されたけれど、そこは自分の慣れ親しんだ空間ではなく、馴染めない。もはや逃げる場所もないので、はっきりと自分の主張を貫いてみたけれど、実の親に押さえ込まれる。そんな理不尽さとねじれに香港の人々は、新しい風穴を開けようと懸命にもがいているのかもしれない。今回の占拠によって一見、分断され、混乱の度を高めたように見える香港ではあるが、実は、人々の押し殺された魂が、初めてまっすぐに表現され、表出したといえるのではないか。それは台湾の占拠の新たな結果を生み、大陸の民主化を求める人々に勇気を与え、戦後日本というある種隠蔽された植民地的空間に生きる人々にも、何かのメッセージを与えた。

これまでアジアの学生運動は、高度経済成長に突入する直前に、新たな社会への突入の軋轢として表現され、その後沈静化された。香港は、すでにかつての植民地宗主国よりも大きな経済規模を持ち、アジアの金融経済都市として発展を遂げ、しかも本国中国への返還を経て、運動が活発化する、

典型的な香港の茶餐廳。

電車路に面した質屋。今はブティックに改装されている。

身体の暑気をとる「涼茶」スタンド。

ごく一般的な香港家庭の台所とトイレ兼シャワー室。

1960年代と思われるスコッター。九龍の山の斜面に階段上に次々と建てられていて、大規模な火災がきっかけとなり「公屋」が建設されるようになった。

香港政府観光局主催『香港ミニチュア展』（2014年3月大阪にて開催）より。深尾葉子撮影。

という特異な道筋を経ている。彼らの闘いが、今後どのように展開されうるのか、そしてその運動により、香港の人々の心がどのように開かれてゆくのか、香港の人々にとっての真の「魂の脱植民地化」(深尾葉子『魂の脱植民地化とは何か』２０１２年、青灯社)の道が、今回の運動を経て始まったのかもしれない。それこそが本書のタイトル「香港バリケード」の真の意味ではないだろうか。少なくともそんな開かれた魂がつながりあう姿を、私は20年目の香港で初めて目にすることができたように思う。

各地の撤去が終わったあと、一見いつも通りの姿に戻った香港。しかしそこに残されたステッカーや書き込みを見て、ある香港人が12月15日にツイートを発信した。

——It was not a dream.——香港雨傘の占拠は夢ではなかった。

＊追記

本稿のインタビューに協力してくれた林萬栄氏が、現在『失われた79日』という書籍を香港で出版すべく動き始めていると知らせてくれた。２０１５年5月頃を目処に出版予定の『消失了的七十九天』のそのタイトルは、二つの意味を持っている、と林氏は述べる。一つは、オキュパイというこれまでの香港ではありえなかったこと、起こるべきではなかったことが起きて、参加した人も、市民も貴重な日常を失った。もうひとつは、オキュパイの79日間、香港の人々が無私の精神で互いに助け合い、開かれた心でつながりあう場が、撤去によって失われた。この二つの喪失について、参加した人々から広く感想や写真を集め、記録として残すのだという。この「失われた79日」という表現に込められた二つの意味が、今回のオキュパイをもっとも端的に表現している。

終章

雨傘世代——バリケードは崩壊しない

遠藤誉

香港の若者がなぜ立ち上がったのかに関しては、第Ⅱ部の取材で各自が多岐にわたる立場の香港人の声を拾ってきてくれている。

香港とのつながりの深い深尾は香港人の思いを余すところなく表現し、深い感性に基づいて実に鋭く分析してくれている。論理もそこでみごとに閉じているので、これに関しては何も付け加えるべきものはない。

香港で生まれ育った伯川は、自らの思いと重ねながら、若者がなぜ立ち上がったのかに関して、ナマの声を引き出してくれた。その若者と大人とのジェネレーションギャップは、刈部が取材したジミー・ライがいみじくも的《まと》を射ぬくような表現をしているので、その部分だけ、くり返し特記しておきたい（傍線：遠藤）。

これまでの香港人は「難民」という背景を持っておりました。それは中国本土から香港に逃亡して来たということです。一世代前の発想だと「もし香港を守りきれなかったらまた逃げればいいや」と思うでしょう。自分たちは「難民だ」という意識と背景が、移民をすることを選択させたのではないかと思います。

ですが今日の若者は、すでに香港の命運を受け継いでいます。自分たちは決して「難民」などではなく、香港は若者にとって「生まれ育った家」だと思っています。それゆえ、彼らはごく当たり前に自分の「家」のために戦います。われわれ一世代前の人とは違って、彼らは「逃げる」という選択をしたりはしません。

そう――。

1997年、香港が中国に返還された後に香港で生まれた世代を、本書では「香港新世代」と名付けてきたが、彼らは「逃げるために香港にやって来た」のではなく、逃げるという手段に慣れておらず、その精神文化も持っていない。

自分が生まれ育ったこの香港に「自らの魂の置き処」を求めている。

「私はここにいる――」

「この線は譲らない――」

新世代が命を賭けて譲らない最低ラインは、「自由と民主」だ。

同じ中華民族でも、中共の一党支配による思想統一の洗礼を受けていない若者の目には、中共の一党支配は、きっと異常に映るのだろう。これは香港新世代が世界に突き付けた新しい視点だ。すなわち、雨傘革命は「同じ中華民族が、もし共産主義の洗礼を受けてない状況に置かれたなら、何を選び、何を求めるのかを示した好例だ」と位置づけることができるのである。

香港新世代はまた、一国二制度の下で、今のところ香港では制限を受けていないインターネットなどの世界により、「普遍的価値観」を身につけている。

この普遍的価値観こそは、中共が最も忌み嫌う価値観で、これは三権分立や真の普通選挙の概念を生む。そのため中国では「社会主義的核心的価値観」を必死になって植え付けてきた。

もしトップダウンの思想教育がない状態で、「中華民族」を「人類の思考空間」に放ったとしたら、おそらく雨傘革命の中核となった香港新世代が持つ価値観こそが、中華民族の価値観となるだろう。

これは「中国」という国家の枠組みで考えると、歴史上初めて出現した現象かもしれない。香港新世代は、中華民族でありながら、そして自分を中華民族と認めながら、「香港人」として西側自由諸国の普遍的価値観に基づいて、「他者」として中共を見ている。

その新世代の目には、中国共産党による一党支配は、到底受け容れられるものではないだろう。

香港が中国に返還された1997年に、仮に0歳~5歳だったとして、2014年、新世代の年齢は17歳~22歳。まさに今般の雨傘革命に参加した年齢層だ。

それは台湾の若者による「ひまわり運動」とも共通の要素を持っており、この価値観とパワーを、世界がどうのように受け止めていくかが、東アジアの方向性を決めていくと言っても過言ではない。

しかし残念なのは、香港新生代は中国共産党の一党支配体制の「したたかさ」をまだ十分には知らないという点だ。基本法に「普通選挙」という言葉があるので、それを西側諸国が定義するところの「立候補者を特定の思想傾向に絞らない、真の民主的な普通選挙」を指していると解釈していることである。

一国二制度の「一国」は、「香港はあくまでも、中華人民共和国憲法の枠内の一地域に過ぎない」と規定していることに十分には注意を向けていない。中華人民共和国の憲法における「民主選挙」は8・31宣言が規定した選挙のことを指すのである。これを明示せずに「一国」という言葉ですべてを代表し、いざとなったら「憲法を見よ」と押さえつけてくる中共の「したたかさ」を認識していないと懸念する。

一国二制度は50年間不変といっても、この範囲内で不変なのであって、香港人が思っているほど完全に不変ではないのである。

また、いざとなったら全人代常務委員会が基本法の「解釈権と改正権」を行使するということが基本法の最後に書いてあることも、香港人は注意深くは認識していないことが、本書Ⅱ部の取材でも見えてくる。この二つを基本法の最後に付け加えるという中共の「したたかさ」を十分には認識していないのである。

だからこそ「騙された」という思いが強いのだろう。

刈部が取材したジミー・ライでさえ、「中国中央政府が引き続き基本法に定められた普通選挙の付与を断固拒絶するのであれば、このような抵抗活動はますますエスカレートすると思います」と言っている。

ここは平行線が続くだろう。

だからといって、中国中央が勝つわけではない。

習近平は「中国の夢」や「中華民族の復興」を掲げて「紅い皇帝」として君臨している。そして最近ではさらに「アジアの夢」および「アジア太平洋の夢」を唱え始めた。

習近平が「中国の夢」を初めて提唱したのは、第十八回党大会が閉幕した翌日の2012年11月15日、中共中央総書記に選出されたときの就任演説においてだ。その演説の中で習近平は「中国人民はみな中国の夢を論議している。中華民族の偉大なる復興を実現させることこそが、中華民族の近代以来の最も偉大なる夢であると、私は思う」と語っている。

2014年5月21日に上海で開催された「アジア相互協力と信頼措置会議（日本ではアジア相互信頼醸成措置会議と称しCICAと略記）」において、習近平は今度は「アジアの夢」というキーワードを持ち出してきた。「アジアのことはアジア人が決めよう」というのが主旨である。つまりこれは、「アメリカはアジアのことに干渉するな」という意味を暗に含んでいる。同時進行で世界の金融界の中心を「北京と上海に置く」という戦略を打ち出している。

そして2014年11月9日、北京で開催されたAPEC首脳会議では、ついに「アジア太平洋の夢」を提唱してきた。

中国の夢→アジアの夢→アジア太平洋の夢と、「夢」のカバー範囲がますます広がりつつある。これは「世界の覇者・アメリカに代わって、これからは〝中国〟がアジアに君臨していきますよ」という、習近平のメッセージと受け止めることができよう。

しかし世界金融センターに関して、いみじくも安冨が指摘したように、「世界の金融センターには自由がなければならない」のである（詳細は第Ｉ部の最後にある安冨のコラムを読んでいただきたい）。この「アジアの夢」、ましてや「アジア太平洋の夢」も、そこに「自由と民主」がない限り、実現は不可能だろう。天安門事件を経験した安冨はふたたび「〝中国の夢〟は、まさにあの天安門広場で葬り去られてしまった夢を、取り返すことなのだと思う。そのときにこそ中国は、初めて世界の覇者となるだろう」と付け加えた。

中国が膨大なチャイナ・マネーを注ぎ込んで勝ち取ろうとしている中華皇帝の座。その座は一党支配体制がもたらそうとしている座である。

そして何よりも、一党支配体制は、言論の弾圧を伴わなければ維持できない。言論の弾圧を遂行するには一党支配の強権が不可欠であり、強権を遂行している限り、実は腐敗は消えない。共産党幹部が際立った特権を持っていることに変わりはないからだ。

このような抜け出せない自己矛盾を抱えながら中国は進んでいる。

香港の道に張られたバリケードは撤去されたが、このバリケードは全世界に社会主義国家の限界と、そしておそらく資本主義国家の限界をも突き付けたのではないだろうか。

中国共産党の一党支配体制は、いずれは崩壊する。一党専制自体に腐敗の構図があるからだ。その崩壊は一国二制度が終わる２０４７年よりも前にやってくるかもしれない。そのとき香港は逆に、民主化した大陸が生き延びていくためのモデルケースとなるだろう。文化大革命で壊滅的打撃を受けた中国が、改革開放によって復活しようとしたときに香港をモデルにしたように、今度は「初めて」民主化する中国大陸が、やはり香港の「民主」をモデルにして経済を立て直し、政治体制を刷新するときの規範として香港の政治体制を必要とするはずだ。

あなたたちは雨傘革命を20年後の社会にすると言ったではないか。必ずその日がやってくる。ただし、それを実現するには技術が必要だ。まずは市民生活を破壊せず、圧倒的多数の市民の支持を得られる手法を選ぶことである。次にアメリカと何らかの癒着がある要素を排除すること。これは中国中央に鎮圧の正当性を与え、香港新世代の「本土意識」という純粋な理念を濁らせる。民主党派が後ろから支援するのはいいが、政党が先頭に立ったのでは、やはり運動の純粋性は濁る。

もっとも、本来なら長毛のような、いつまでも若者と同じ目線の人物が、もう少し社会規範に則って行動するようになれば、これは別の求心力を持つ可能性はある。しかし彼は徹底した反中反共であるという点で新世代と共通点を持ちながら、一方では純粋なマルクス・レーニン主義を信奉する過激な暴力革命を実行しようとしてきた。魅力的な人物ではあるものの、香港のチェ・ゲバラとしての顔が長すぎたかもしれない。ねじれた民族主義に基づく「中国人としてのアイデンティティ」にこだわりすぎたのだろう。

となれば、雨傘世代に期待するしかない。彼らが新しいメンタリティで香港に踏み留まり、「香港人としてのアイデンティティ」という気概で新しい社会を創っていく。それ以外にはないのである。雨傘世代は、日本のアニメが大好きで、民族主義的ではないグローバルな感覚も持っている。拙著『中国動漫新人類――日本のアニメと漫画が中国を動かす』で書いたように、「新世代」は、まさに「新人類」なのである。

望むらくは、一国二制度とは具体的に何を意味しているのか、基本法はどういう構成になっているかを、もっと勉強した上で、香港の高度の自治権と民主を守るためのロードマップを示してほしい。なぜなら、一国二制度と基本法は、すでに香港特別行政区を律する一種の「憲法」に近い存在として君臨しているからだ。

それを覆す覚悟がないと、雨傘運動は「運動」で終わる。そしてアメリカが背後にあるオキュパイ論によって求心力を失い、中国中央に潰される。

人類が最後に選ぶのは「尊厳」だ。「金」ではない！

香港の「本土意識」を守り抜こうと思うのならば、やはりこれは「雨傘革命」であるという自負を持たなければならない。

香港バリケードは人類の課題として、今後も消えることはないだろう。香港市民を覚醒させようとした香港新世代の思いは、台湾新世代とともに全世界の心ある民を覚醒させたと言っても過言ではない。

だから、雨傘世代たちよ、あなたたちは成功したのだ。命を賭けて立ち上がったあなたたちの純粋な思いは、世界に届いている！

本書を、その証しの一つとしたい。

＊追記

印刷寸前に香港大学が学聯から脱退したというニュースを知った。雨傘革命におけるオキュパイ運動や民主党派との関連に関して、学聯内部における十分な意思疎通がなかったということが主たる原因のようだ。次期立法会議員選挙に雨傘世代が立候補してほしいと期待していたのだが、本書で分析した通り、オキュパイ運動が残した痛手は大きい。大学生たちがまた新しいコアを創っていくのか、それとも学民思潮が立候補資格を持つ年齢まで待つしかないのだろうか。継続して情勢を見守るしかない。

あとがき

本書ができるまでの濃密な時間

深尾葉子

2014年10月。FBやツイッターなどに次々と映像や写真。香港雨傘革命は、世界の人々の注目を惹きつけていた。

我々（安冨・深尾）は科学研究費助成金による共同研究をスタートさせており、中国社会がオープンスペースにおける議論、さらにはインターネット空間における投稿やコメントのなかで、どのような「道理」を持ち出し、その応酬の結果、どのように社会秩序が形成され、確認されてゆくのか、というプロセスを映像やネットでのやりとりを観察するなかで明らかにしようと考えていた。

香港での街頭占拠とそれに対する市民の反応とやりとりがたくさんの映像として配信されるのをみるうち、この香港雨傘革命は、まさにその実例としての現場の記録ではないか、と感じ、ぜひこの対話分析、論理の応酬の分析を通じて、香港社会の秩序の再編や構築のプロセスを描き出したい、と考えた。そこで以前大阪大学で長毛の講演を通訳してもらった香港育ちの日本人大学生伯川星矢くんに助けを求め、映像の分析とともに、雨傘革命のいまを語り合う公開授業を大阪大学外国語学部中国語の授業で行った。10月28日（火）、その模様はＩＷＪというインターネットサイトで公開された。その後、そもそも長毛の来日を手配された、出版コーディネーターの刈部謙一氏が、今回の雨傘革命の本をぜひ出しましょう、ともちかけてくれ、全員の都合がつく12月に香港に街頭調査にゆくこととなった。それが本書の後半のインタビューと論考である。

しかし、今回の雨傘革命は香港返還をめぐる歴史的経緯、特に一国二制度をめぐるとりきめ、交渉のプロセスについて熟知していなければ、今後の展開を見据えることもできない。近年香港とご無沙汰していた私にはその力はない。ちょうどその時、夕方のラジオで遠藤先生の雨傘革命の解説を聞いた。かねてより、現代中国の政治、社会動向に関する圧倒的情報量と分析力に心から敬服している遠藤先生が、この香港問題でも非常に冷静かつ熱い思いで発言しておられたのを聞いて、そうだ！　遠藤先生とともにやるのであれば、この本は真に意味のあるものになれる！　と思い、おそるおそるお願いしてみた。ちょうど単独出版を考えておられたところであったが、我々の熱い申し出に、共同で出版することを了承してくださった。

それから怒涛の日々が始まった。香港の数日間のインタビューを終えて、年末押し迫る頃、毎日のようにメールを取り交わし、原稿を送り合い、事実を確認し、意見を交わす。それは想像をはるかに越える濃密な時間と内容であった。お正月返上でつづくやりとり。我々のレポートを提出したあとは、遠藤先生の独壇場で、日夜寝る時間も惜しんで執筆される原稿が次々と届く。すぐさまコメントを返し、新たな発見や認識を得る。香港街頭占拠が終わったその直後から、今度は我々が日本という場でネットを通じて日々やりとりし、本書の執筆を進めていった。

今回ともに本をつくる作業をさせていただいたことで、遠藤先生の壮絶な仕事ぶりの舞台裏をリアルタイムに経験させていただいことは得難い経験であった。

その途中、何度も事実確認や資料について、今回のインタビューで知り合った香港の人たちと、FBやメールでやりとりをした。出版への準備がスタートしてからまるまる1カ月。香港の人々の熱き思いを受け、中国と東アジアの行く末を見通そうとした必死の格闘の成果が本書である。香港の若者の渾身の願いと行動は、台湾に波及し、そして東アジア全体にとって大きな意味を持つ広がりを得た。今後、平和で豊かな21世紀の東アジアが構築されてゆくことを願いつつ、香港の人々の思いを受けた本書が、その一つの記録として役割を担うことができれば何よりである。

2015年1月

危機一髪の奇跡的な出会い

遠藤 誉

２０１４年11月7日に出版した『チャイナ・セブン〈紅い皇帝〉習近平』が印刷工程に入るために筆者の手を離れたのは同年10月17日である。香港デモ「雨傘革命」が始まってから、まだそれほど経っていない。だから同書の終章で、「香港デモの真相――金か、人間の尊厳か」を書くにとどまっている。

そこで雨傘革命に関しては別途一冊書き起こさなければならないと思っていた。そのためもあり、Ｙａｈｏｏニュース「個人」で持っているコラムで、引き続き香港情勢を追っていた。しかし講演以外にテレビやラジオなどからのオファーもあり、香港に取材に行く時間がどうしても取れない。

そんな折、遠藤がＮＨＫラジオで解説している香港問題を、深尾葉子氏が車を運転しながらチラッと聞いたという。

深尾氏は『魂の脱植民地化とは何か』などの著書がある、古くからのよき友。ただし、お互いに忙しくて最近は連絡を取っていない。

本書の序章で書いたように、深尾は安冨歩氏が代表を務める科研の一員で、取材のために香港に飛ぼうとしていた寸前のことだったようだ。取材結果を一冊の本にまとめたいが、政治学的な軸となるものを書ける人間を求めていたとのこと。

ここで遠藤と深尾・安冨チームの合流が決まったのである。それは香港出発の2日前のできごとで、危機一髪の奇跡的な「出会い」であったように思う。取材する内容と取材相手に関して、滑り込みで遠藤の願いも入れてもらえたからだ。

帰国した安冨氏と2014年12月18日に再会。その場に編集担当の大野祐子氏がおられ、原稿締切は1カ月後の1月17日と決まった。年末年始もなく執拗に追いかける調査と執筆、事実の確実性に関する互いの確認作業と視点の可否に関するメールと電話を通した議論。熱気に満ちた30日間を戦い抜いたという充実感が残った。実に有意義で楽しい共同作業だった。

特に安冨氏は『生きるための経済学』などの著書がある通り経済学からスタートしながら、既成概念にとらわれず深い哲学的思考（著書『合理的な神秘主義～生きるための思想史』など）に基づく高い知見で、常に遠藤の分析を補ってくれた。本文のコラムにあるような金融に関しての問題、あるいは「本土意識」に関する鋭い洞察など、遠藤が着地点を見つけるために、どれだけ助けてもらったかしれない。

他の3人のメンバーも、さまざまな形で情報を提供してくれ、遠藤の分析を手助けしてくれた。この本はそのコラボによって成り立っている。

そこには、名前を挙げないが、もう一人、重要な役割を果たした人物がいる。

それは遠藤の息子である。

「香港バリケード」というキーワードを思いついたのは彼で「バリケードという言葉はすぐに雨傘

革命を連想できるし、香港は資本主義が社会主義に変わるという希有な現象の中にいる。彼らは共産圏が目の前まで浸食している危機感があるからこそ、最後のコアとなって闘っているのではないのか。香港自体がもしかしたら主義思想に対する巨大なバリケードなのではないか」というコンセプトを創りあげた。

実を言うと、遠藤が最近上梓した本のうち（小学館やWAC出版の本などは別として）いくつかの書名は、彼の発想によるものである。

たとえば『チャイナ・ナイン　中国を動かす9人の男たち』（2012年3月出版）の場合、遠藤が「中国には中国共産党中央委員会政治局常務委員会というのがあって、その委員が（胡錦濤時代）9人で、この9人が国家の重要な役割をそれぞれ担い、集団指導体制っていうシステムで全中国を動かしてるんだ」と言ったのに対し「え、トップ・リーダーが9人もいるってこと？　なんだか戦隊ヒーローものみたいだね。一人一人に秀でた能力があって、それが集まって構成されている、みたいな。中国共産党中央委員会なんとかかんとかだと、長すぎておぼえにくいし難しく聞こえるから、もっとキャッチーな名前の方がいいよ。たとえばチャイナ・ナインとか」といった会話から本のタイトルが生まれた。そのタイトルが決まった瞬間に、遠藤の頭の中に瞬時にして構成ができあがり、それまで蓄積してきた情報や知識をそのタイトルに沿って再構築し、機関銃のように文字化していって一冊の本にする。その期間もやはり1カ月。

こうして『チャイナ・ナイン』が世に出たのである。

その後出版したナイン・ギャップ、チャイナ・ジャッジ、チャイナ・セブンと一連のチャイナ・シリーズも、彼の発想によるタイトルが出て、初めて殺気じみた一気書きが可能となった経緯がある。彼はなぜかキャッチコピーを瞬時にして着想する才に長《た》けている。若さゆえか、現代の感覚か。わが子だけに便利な存在だ。それをよいことに、いつも彼に投げかけ、大きなヒントを得ながら、「それでも親か」というようなことをやってはならないと反省している。

最後に、辛抱強くわれわれの議論に耐えながらも、ビシッとした編集者としての決断を出してくれた大野祐子氏に敬意と謝意を表する。

2015年1月

〈共著者〉

深尾葉子 ふかお・ようこ

1963年大阪府生まれ。大阪外国語大学中国語専攻卒業。大阪市立大学大学院前期修了。大阪大学大学院経済学研究科准教授。修士（文学）。主な編著に『現代中国の底流』（行路社）、『満洲の成立』（名古屋大学出版会）、『黄土高原・緑を紡ぎだす人々』（風響社）、著書に『黄土高原の村――音・空間・社会』（古今書院）、『魂の脱植民地化とは何か』（青灯社）、『日本の男を喰い尽くすタガメ女の正体』『日本の社会を埋め尽くすカエル男の末路』（以上、講談社α新書）、翻訳書に『蝕まれた大地』（行路社）など。

安冨 歩 やすとみ・あゆむ

1963年大阪府生まれ。京都大学大学院経済学研究科修士課程修了。東京大学東洋文化研究所教授。博士（経済学）。主な著書に『原発危機と「東大話法」』『幻影からの脱出』『ジャパン・イズ・バック』（以上、明石書店）、『もう「東大話法」にはだまされない』（講談社α新書）、『生きる技法』『合理的な神秘主義』（以上、青灯社）、『ドラッカーと論語』（東洋経済新報社）、『生きるための論語』（ちくま新書）、『経済学の船出』（NTT出版）、『生きるための経済学』（NHKブックス）、『「満洲国」の金融』『貨幣の複雑性』（以上、創文社）など多数。

〈企画協力・執筆〉

刈部謙一 かるべ・けんいち

1949年東京生まれ。法政大学除籍後、80年代から企画編集制作プロダクションを主宰し、雑誌、書籍を中心に企画、取材、執筆を行う。集英社新書の創刊に参加し、橋本治作品などを中心に企画を担当。映画、CD、DVDなどのプロデュースも手がける。現在はこれまでにない新しいデジタル本の編集・制作を韓国の会社と行っている。

〈通訳・執筆〉

伯川星矢 はくがわ・せいや

1992年、日本人の母と香港人の父のもと、香港で生まれる。国籍は日本。18年間香港で過ごし、2010年進学のために日本へ。現在、獨協大学外国語学部在籍中。

〈著者〉
遠藤 誉 えんどう・ほまれ
1941年中国吉林省長春市生まれ。1953年帰国。東京福祉大学国際交流センター長。筑波大学名誉教授。理学博士。中国社会科学院社会学研究所客員研究員・教授などを歴任。著書に『チャイナ・セブン　〈紅い皇帝〉習近平』『チャイナ・ナイン　中国を動かす9人の男たち』『チャイナ・ジャッジ　毛沢東になれなかった男』『卡子（チャーズ）　中国建国の残火』（以上、朝日新聞出版）、『完全解読「中国外交戦略」の狙い』（WAC）、『ネット大国中国――言論をめぐる攻防』（岩波新書）、『中国動漫新人類　日本のアニメと漫画が中国を動かす』（日経BP社）など多数。

香港バリケード
若者はなぜ立ち上がったのか

二〇一五年三月一五日　初版第一刷発行

著　者――遠藤　誉
共著者――深尾葉子／安冨　歩
発行者――石井昭男
発行所――株式会社 明石書店
一〇一－〇〇二一　東京都千代田区外神田六－九－五
電　話　〇三－五八一八－一一七一
ＦＡＸ　〇三－五八一八－一一七四
振　替　〇〇一〇〇－七－二四五〇五
http://www.akashi.co.jp
装　幀――エーテルラボ
印刷・製本――モリモト印刷株式会社

（定価はカバーに表示してあります）
ISBN 978-4-7503-4148-4